無時空間の発見

人類は5次元に生きている

ABE Itsuo
阿部逸男

文芸社

「人は死ぬようにできている」

マハートマ・ガンディー

はじめに

時間とは、点というよりも粒子の連続のようなものであり、空間とは、タテ、ヨコ、高さの長さの連続のようなものである。

魂とは、肉体に宿り、その肉体に主体を持たせる、という働きをする。

主体となった肉体は、どこまで行っても主人公である。

肉体が老いて、不自由を覚えるという時も、魂は主体を持たせる。つまり、あなたがそのことを理解していれば、事は簡単に終わる。

あなたがそのことを理解できないから、事はきわめて重大になる。

あなたの魂を次に必要として、待っている生命というか肉体がある、ということをあなたは知るべきなのです。

肉体とは魂の入れ物でしかない。でも、今のあなたという人間は、その肉体でしか動くことができない。魂が肉体を捨てるということがなかなかできない。

あなたは、あなたの魂は、肉体が死ぬまで離れようとはしない。なぜなら、魂にとって肉体しかない。「時間と空間」の次元を動くことができるのは肉体しかないからなのです。

でも、あなたの魂は次の肉体が待っていることを知らない。

あなたという人間は、そのことを理解できる。なぜなら、大きな脳を持っている。そのことを探求することができるまでに文明は進化した、ということになるのです。

大きな脳を持ち高等な文明を築きあげた人類だ、ということです。

「時間のない空間」を発見したことによって、そのことを理解するということが可能になった。

この本は「時間のない空間」という新しい次元の発見を知らせるものであり、私はその次元を「余剰次元《よじょう》」と名付けた。そして「時空」という、私たちが生活している世界に対して、死後の世界を「無時《むじ》空間」と名付けた。

無時空間の発見◆目次

第一章
生とか死とかはない

「人はみな虫けらにすぎない。
でも、私は輝く虫けら、蛍《ほたる》だと思っている」

チャーチル

中生死《ちゅうせいしい》は中《ちゅう》（虫けら）生死でもある。

中生死とは、生と死のまん中、という意味ではありません。生も死も、我々人間には、理解できないもの、わからない所から現れて、わからない所へ沈んでゆく。つまり、生きていること、生きている間という意味です。

セミという動物を考えてみてください。セミは幼虫の形で地中に眠り続け、やっと地上に出てきておとなになったかと思うと、一週間足らずで死んでしまうのです。地上に出てきてからの仕事はたった一つ、繁殖することです。こうして個体は毎世代死んでいきますが、セミの遺伝子は、連綿《れんめん》と続いていきます。

数年間も地下で眠る幼虫が地上に出てきたほんの一週間の間にすることが、次に数年間眠る幼虫を作りだすことだけなのです。

こんな人生って意味があるのでしょうか。

意味がないにしては、セミの個体はなんと美しい体を持ち、美しい鳴き声をしているではありませんか。

個体を形成している生物が個体の繁殖活動をし、繁殖に成功して子を残さなければ、遺伝子も自分自身を残すことはできません。

究極的には遺伝子の存続が進化の本質ですが、それを具現する手段として個体は特別な存在理由を持っている。個体は主体性を持ち、美しく自己主張する。


人間に生とか死とかはない。人間の生命が有限であるための無限という言葉を作った。もともと生も死もない。無限というものもない。この自然の中で生が好まれて死が忌み嫌われていることは、おかしなことなのです。

もともと生も死も同じものなのです。

こんなに短い人生って一体何なんだろう。

▼先人の思想に見る「生」と「死」▲

バールーフ・デ・スピノザ（一六三二年―一六七七年）という哲学者がいました。

スピノザは、神は現実の事物のすべてに内在しており、事物は神が姿を変えて現れたもの「神即自然」であり、神はすべての事象の中に存在し、事象はまたすべて神の中に存在する、と考え、一六七七年に著《あらわ》した倫理学の本『エチカ』で、永遠存在である神は全体を把握することができるが、有限存在である人間は全体のごく一部しか把握できず、自由意志という錯覚からは逃れられない。意志も目的も価値もすべて有限存在である人間独自の想像の産物であり、人間の有限性を無限である実在（神）に投影しているだけのものでしかない、と述べています。

「生きている」ということは肉体が食物から栄養を取って、煩悩が肉体に宿っているから、生活機能を与えられているからにすぎないのです。無限とか永遠とかはない。そんなものある筈がないじゃないですか。無限とか、永遠とか言うものがどこにありますか。人間が勝手にそういう言葉を作った。なぜかって、物事を区別するために都合がいいからです。科学が進歩して、形而下の物事はすべて理解できると人間は思いこんでしまった。でも人が生まれて死んでゆくということは今も五千年前も同じなんです。少しも進歩していないのです。

最古の物語（神話）である『ギルガメシュ』は、古代メソポタミアの王ギルガメシュの半生を綴った本です。ギルガメシュは永遠の生命を求めてシュルッパクの聖王ウトナピシュティムを訪ねる旅に出ます。ウトナピシュティムは「ノアの方舟」の洪水を生き残り、唯一の不死となっていたからです。ウトナピシュティムは洪水伝説を語り、「不死は神から与えられるもので、手には入らない」と諭します。

また、古代インド神話の総称で、インド最古の本『ヴェーダ』があります。紀元前一〇〇〇年から紀元前五〇〇年に書かれた本です。『ヴェーダ』とはサンスクリット語で「知識」を意味します。神々への賛歌（リグ）を集大成したものです。その中に創造神であるブリハスパティやヴィシュヴァカルマンによる万物創造が書かれています。

古代ギリシア紀元前八世紀頃の『オデュッセイア』という本があります。トロイア遺跡から発見されました。物語はギリシア神話を題材として、ギリシアの遠征軍が小アジアのトロイアを包囲して迎えたトロイア戦争十年の出来事です。

古代から人は生まれて、いろいろとあれやこれやと生きて、やがて年老いて死ぬ。このことは古代も現在も少しも変わらないことなのです。

古代ギリシアの哲学者プラトン（紀元前四二七年―紀元前三四七年）は紀元前三九九年、七十歳の時に「若者を堕落させ、神を信じなかった罪」で死刑の判決を受けたギリシアの哲学者ソクラテスのことを書いています。

ソクラテス（紀元前五世紀）は「新しい神格を輸入した」として非難の対象になり「国家の信じない神々を導入し、青少年を堕落させた」として涜神罪に問われます。一切の妥協も見せず、アテナイの民衆裁判で五百人の市民陪審員から死刑が宣言されました。

また、ペロポネソス戦争でアテネがスパルタと戦っていた時、アテネにとどまっていた市民が政治に要求したことは「もっと安楽な生活を保障せよ、もっと面白い娯楽を提供せよ」であった。それを批判したのもソクラテス。人間の個的で私的な欲望を価値とするのは人間の傲慢《ごうまん》というものだ、と批判した。ソクラテスの「無知の知」とは、自分は徳が何であるかを知らないが、しかし知らないということを知っているのであり、それゆえに徳が何であるかを探すべきである。

人間プラトンは言う、「アテネの市民は『徳』がなんであるのかを知らない」と。

これからわかるのは、真実を語り組織の同調圧力に従わないことは、死に直結するということです。

古代ギリシアの哲学者アリストテレスは「万学の祖」として有名です。アリストテレスは人間の本性が「知を愛する」ことにある。知的欲求を満たす知的行為そのものとその結果にある。そのことが幸福であり善につながるのだと言っています。

一四一七年、ドイツの修道院で、ローマの哲学者ティトゥス・ルクレティウス・カルス（紀元前九九年―紀元前五五年）の本が発見されました。ルクレティウスは、「物質と空虚以外なにもない」とし、「何ものも神的な力によって無から生ずることは絶対にない」。また「死によってすべては消滅する」、そして「精神の本質は死すべきものである」と言っています。そしてそのことを理解するに至れば、死は我々にとって取るに足りないことで一向に問題ではなくなる、としました。

古代ギリシアの哲学者エピクテトス（五〇年―一三五年）は、「自分の意志によって変えられるものとそうでないもの、自分の力が及ぶものとそうでないものを区別せよ」と言っています。

古代キリスト教文学の名作で、アウグスティヌス（三五四年―四三〇年）が著した『告白』があります。

アウグスティヌスは「西欧の父」とも呼ばれています。死を恐れ始めて、神の存在を確信します。人間には精神的な世界である「神の国」を見ることはできず、教会こそが「地の国」において「神の国」を代表するものであると言っています。創造主である「父なる神」、現世に現れた「神の子イエス」、父なる神と子なるイエスから出た「聖霊」の三つのペルソナ（位格）は本質的に一体であるとする「三位一体説」です。また「唯心論《ゆいしん》」でもあります。肉体はなくなるが聖霊はなくならないのです。

仏教は「唯識論」です。心の深層部には、八識の一つで阿頼耶識《あらやしき》があるとされています。因みに、欧米では教会でしか布教することはできません。日本のお坊さんのように法事のために各家庭に来てくださって、仏壇にお経をあげるなんてことはありません。神は教会に存在するのです。

中世の哲学者にトマス・アクィナス（一二二五年—一二七四年）がいます。『神学大全』は彼が著したものです。

一二七三年十二月六日、ミサを捧げていたアクィナスは神の圧倒的な直接的体験をします。突然、何かがアクィナスに話しかけたのです。アクィナスは気絶します。アクィナスは神によって心境が変わります。そして「世界の永遠性という問題は理性では証明できない」として「信仰と理性とを分けて考えるべきだ」と言います。

神の存在を自然的物理性によって証明できるとの立場に立ち、天球が地球の周りを回っている。天球を動かしているのは神だといいます。これによって中世（四七六年〈西ローマ滅亡まで〉―一四五三年〈東ローマ［ビザンツ帝国］滅亡まで〉）は天動説となったのです。因みにガリレオ・ガリレイが一六三三年に地動説を唱えると有罪判決を受けます。アクィナスは神の存在と教会の正当性を論証したのです。

中世が終わる頃、キリスト教が絶対的真理だった時代に、ルネ・デカルトが現れます（一五九六年―一六五〇年）。一六三七年、真理を探究するための方法論『方法序説』を著します。考える主体としての自己（精神）とその存在を定式化した、「我思う、ゆえに我あり（コギト・エルゴ・スム）」とは、理性は神によって与えられたものではあるものの、人間が理性によって存在を判断することができるとしたものです。

数学的な永遠真理さえ含めてすべての事物がいったん懐疑にかけられた後に、どれだけ疑っても疑い得ないものとして、純化された精神だけが残るとし、考えている自己は存在するとして、「我思う、ゆえに我あり」だけは疑うことのできない真理であるとします。

デカルトは思考することができる空間的広がりを持たない思惟実体（心）と、空間的広がりを持つ思考できない延長実体（物質）という二つの実体があるとし、これらが互いに独立して存在する。つまり精神と物質が独立して存在するという、「心身（物心）二元論」です。

ブレーズ・パスカル（一六二三年―一六六二年）の『パンセ』（一六七〇年）とはフランス語で「考えられたこと＝思想」を意味します。

「人間は一本の葦《あし》にすぎない。自然のうちで最もか弱いもの、しかしそれは考える葦だ。人間を押しつぶすのに宇宙全体が武装する必要はない。一吹きの蒸気、一滴の水だけで人間を殺すのには十分だ。しかし宇宙に押しつぶされようとも、人間は自分を殺すものよりさらに貴い。人間は自分が死ぬこと、宇宙が自分より優位にあることを知っているのだから。宇宙はそんなことは何も知らない。こうして私たちの尊厳の根拠はすべて考えることのうちにある。私たちの頼みの綱はそこにあり、空間と時間のうちにはない。空間も時間も、私たちが満たすことはできません。だからよく考えるように努めよう。ここに道徳の原理がある」

パスカルは、こうした偉大さと悲惨さをあわせ持つ人間を救うのは、人間学的次元にある哲学ではなく、神学的次元にある神であるとしました。

人間とは何者なのか。

アンドリュー・スコットが二〇一六年に『ＬＩＦＥ　ＳＨＩＦＴ　１００年時代の人生戦略』を著作しました。「二十年学び、四十年働き、二十年休む」という「教育、仕事・老後」に分けられた三段階の人生設計を見直すべきだというのです。

現在の医療では百歳は難しいんじゃないですか。僕のまわりの人は八十代で他界しています。

人の死は大河の一滴なんかじゃない。人が自分を意識するのは、言葉を覚え始めた頃というね。あれが、「ワンワン」「ブーブー」と教えられて覚える。大人の言葉を真似るんだ。そして、ある時、「〇〇ちゃん」と言い出す。大人が自分のことを指して「〇〇ちゃん」と言っているのを真似て、自分には「〇〇」という名前があると知るわけです。名前を教えられる前は何ものでもなかったのに、教えられて、自分とはその名前のことなんだと思ってしまった子供は、次に、その名前であるところの自分が「私」なのだと思うことになる。「私」という代名詞が、つまり、自分なんだ、と。

言葉なんだ。言葉があるから科学は進歩したんです。新しいことを発見したら言葉として残す。そしてまた新しいことを発見したら言葉として残す。人間の一生なんて短いものです。でもそうやって科学はどんどん進歩することができるんです。形而下の科学は進歩しても、形而上の哲学は、人間とは何か、死とは何か、生きるとは何か、古代ギリシアの時代と現在と少しも変わらないんです。人は生まれては死んでいく。生まれる前と死んだ後は沈んでいて見えないのです。

君は知っているかい。自然数1・2・3・4・5……を無限に足していくんだ。1＋2＋3＋4＋5＋……とすると答は$-\frac{1}{12}$になるんだ。無限に足して行くんだから無限に増えると、普通の人は思うだろう。ところが違うんだ。

違うということは、間違っているということです。人間の考える無限というものが間違っているということです。もともと無限とか永遠という言葉が間違っているんだ。永遠とか無限とか、どこにそんなものあるんだい、どこを捜してもそんなものはないだろう。テリー・ガノンは「自然科学において最も注目すべき公式の一つ」と評しました。

物理学での応用として、ボゾン弦理論では弦の取り得るエネルギー準位、とくに最低エネルギー準位を計算することが試みられる。砕けた言い方をすると、時空の次元をDとする時、弦の振動はD-3個の独立な量子調和振動子（各々は横波）の集まりと見ることができて、基本振動数、すなわち弦の振動数の中で最も小さいものを（v）とすると振動子のエネルギーにおける（h）番目の振動子の寄与は$\frac{hvn}{2}$と表せるので級数を用いればすべての振動数に亘《わた》る和を計算すると$-\frac{hv(D-2)}{24}$が得られる。最終的には、この事実にゴダード・ソーンの定理を合わせて、ボゾン弦理論が26次元でないと無矛盾にならないことが導かれる。また、これに超対称性を取り入れた超弦理論は9次元（＋時間1次元で計10次元）において無矛盾であることが示されます。

量子物理学ではこの世界は9次元でできていて、人間の目には6次元は見えないのだそうです。

君は「君が死ぬ」ということが本当にあると思うかい。そうさ、そんなこと考えられないさ。自分が死んでしまうということは考えられないし、自分が死ぬということはないんだ。人間は自分が死ぬということはないんだ。考えてみるんだ、自分が死ぬということは自分が死んだ時に、ああ、これが死というものなのか、と思う自分が生きていなくてはならないんです。つまり、生きていて死ななくてはならないってことさ。そんなことできるかい。できやしないよ。「死」とは、他人の死体を見ることなんだ。

他人が死んで行くところを見て、死んだと思うんです。でも、これも間違っているんだ。なぜって、それは死というものが本当はないってことなのです。死んだあとに天国とか地獄とか言うけれど、そんなものはないのです。生きている人間が考える世界であって、どこまで行っても生きている人間の考える世界なんです。

知っていると思うけど、お釈迦様（ゴータマ・シッダッタ）は、「この世は無常だ」としか言ってないんだよ。輪廻とか解脱とか、「原因に縁《よ》って結果が起きる」という因果の道理を「縁起」と呼ぶとか、何度も生まれ変わる輪廻転生《りんねてんしょう》を繰り返すとかは、釈迦の教えを受けた僧たちが作ったものなのです。

神（天）とは天道の生物であり、生命（有情《うじょう》）のひとつと位置づけられていて、神々は人間からの信仰の対象ではあっても厳密な意味では仏ではなく、仏陀（ブッダ）には及ばない存在とされています。

仏教では世界も生命も無始無終で、宇宙の始まりもありません。

仏というのは神ではなく、仏の悟りを開いた人のことを言います。この世で悟りを開いたのは釈迦だけです。因果の道理は、釈迦が作ったものではなく、常に存在している真理であり、それを悟って人々に説き聞かせているのが仏なのです。

仏教のもう一つの特徴は、真我（アートマン）の存在を否定して、あらゆる事物は現象として生成しているだけで、それ自体を根拠づける不変的な本質は存在しない無我（ニラートマン）だとしたことです。一切の物事に固定普遍の実体はないということを「諸法無我《しょほうむが》」、実体がない状態を「空《くう》」と言います。「空《くう》」は「なにもない」という意味ではなく、現象の存在は認めながらも、そこに常に変わらず存在する実体というものを認めないということです。

物質的世界にも精神的世界にも実体はなく、あるのは単に生成・消滅し、移り変わる現象だけ。この世界も、自分の存在も、生も死も、すべては「空《くう》」であり、単なる現象に過ぎず、自分の生死についても執着する必要はないのです。

「空《くう》」とは「霊」とか「魂」にも実体はないという考えです。死んだらすべては無になるということです。死んだら「無」になる。

なんだか、心配になってきましたね。自分が無になる、溶《と》けてなくなる。思っただけでも背筋が寒くなりますね。

でも、不思議ですね、因果の道理を「縁起」と呼ぶのでしたね。

古代ギリシアの哲学者を覚えていますか。「自分の力が及ばないものがある」でしたね。量子物理学でも６次元は人間の目には見えないものがある。

『人間知性論』の著者ジョン・ロック（一六三二年―一七〇四年）は、人間の知識がどれほどの範囲内で確実性を持ち得るのか、人間は生まれつき観念を持っているという生得説を否定し、人間は生まれた時はいわば「タブラ・ラサ」（白紙）であり、観念は経験を通して得られるものであり、我々はあくまで経験的に外的事物の観念を得るしかない以上、我々にできるのはせいぜいそれらを認識して加工することに過ぎない、その事物に本来的にどれだけの性質が属しているかはわかりえない、としています。

人間の尊厳とは

ルネサンスは、人間の尊厳性のみを発見したのではない。尊厳性と背徳性が表裏一体になっているということをルネサンスは明るみに出した。

一八世紀の啓蒙主義の時代、コンドルセは、人間の「完成可能性」を求めた。つまり、人間は知的にも道徳的にも、知識においても価値においても完全になりうるというものである。であればこそ、完成への到達を早めるべく人間の理性の力を啓蒙によって高めようと主張する啓蒙主義の時代が生まれた。こうしてヒューマニズムが確立された。宗教的な権威から人間が徐々に解き放たれた。

言語的動物としての人間の行為は、「主意と規則」の二重性の中にある。自発的意思と制度的規制の二面性から逃れられない。「自由と秩序」は相互対立的にして相互依存的な関係にあるのであって、自由から秩序が導かれるというようなことではない。人間にとって自由の感覚が重要なのは人間の存在と同じである。おそらくは動物の中では人間だけが自己意識をもつ。言語によって自分の言語を意識するという意味での自己意識は人間にのみ特有のものである。

しかもそのようにして意識される「自分」たるや、言語において新しい表現を組み立てる能力を有した存在であり、その能力のために、人間生活と社会制度の内部から新しい変化が起こることになる。私たちは歴史の中に生まれて、社会の中で育っている。

社会に参加する人々は、その国民の社会をいかに改変するかに際しても、国の利益を基準にしてしか取り組めない。祖先の営みをどう理解するか、子孫たちに何を残すか、我々の理性的能力がどこからくるのか、また、そして言語は歴史的かつ社会的な存在である。人間は不完全であり、結局のところ「最大多数の最大幸福」ということであった。「人間」とは、社会性を持つ生き物であり、国民性、人民性、市民性、そして大衆性などの性格を有している。また、「人間」は、価値についてのみ本格的な関心を抱くという意味で、奇妙な動物である。

人間は言葉の動物であり、言葉に意味を求める動物である。価値を求めて生きるほかないのが人間の本性である。価値とは、宗教、道徳、思想である。宗教とは世俗を超越した精神の次元を垣間見んとする企てである。道徳とは世俗の次元において価値を定着させようとする試みである。思想とは知識の次元において価値が何であるかを分析し解釈しようとする営みである。

聖と俗、聖の領域が人間の外にあると考えてはならない。つまり、聖なるものは人間自身の抱く観念だということである。つまり、人間を離れて超越の次元があるのではなく、超越の次元を人間自身が想念してしまうということだ。

政治は何らかの目的の下に遂行されるのだが、その目的は何らかの価値に基づいており、そしてその価値は何らかのより上位の価値から導かれたものである。そしてさらにより上位の価値を求めていけば、論理的には、最高の価値を想念するほかはなく、その想念が宗教とつながっていく。

アメリカの大統領が、その就任式において、聖書に手をかけて国家に忠誠と貢献を誓うものは同じである。

日本においては、平成十一年に、国旗・国歌法ができた。

天皇もまた日本人の歴史・慣習・伝統の精神に基づくものであるが、天皇という象徴と国旗・国歌という象徴とは別次元にある。国家の象徴でも、天皇という人間による象徴と国旗・国歌というモノによる象徴は次元を異にする。

人間の人生および社会の時間に関する時間意識と、自然時間とは別ものである。自然時間とは、地球が太陽の周りを一回転すれば一年と規定する。対して時間意識＝歴史時間は、歴史に対して物語を与えうるような時間単位、それが時間意識＝歴史時間である。

人間は、自分がある時点で生誕して、他のある時点で死亡するであろう、と意識する。つまり生死のことを意識してしまうのが人間精神の独特なところである。

宇宙に、ということは人間界にも、神の摂理《せつり》と言っていいような真善美の当然の基準がある。考える、行う力を人間は神から授かっている、という「宗教的」自然権である。それに対して、もう一つの見方がある。

イギリスの哲学者ヒューム（一七一一年―一七七六年）は「習慣は第二の自然である」とし、慣習の中には伝統の英知とでもよばれるべきものが含まれており、それには大いにくみとるべき価値が含まれている。したがってそれに従う人間の振る舞いを権利として認めるのが当然である、という歴史的自然権である。宗教的自然権をとるフランス流と歴史的自然権をとるイギリス流とがある。

人間は、キリスト教徒であろうが仏教徒であろうが無宗教であろうが、自己および自己と関わりのある一切にかんして、何らかの意味を与えつつ生きる。「意味」に関わらざるをえないのが人間である。そして、その意味を紡《つむ》ぎ出している人間存在にも意味を与えなければならない。

君はどう思いますか、ヒュームの考えを。

デカルトに倣《なら》って言えば、「我思う、故に我あり」である。思うことにかぎらず、感じたり行ったりすることについても、まぎれもなく、個人の振る舞いとして観察される。社会には集団もあれば制度というものもあるのだけれども、集団や制度はそれ自体としては感じたり思ったり行ったりする主体ではない。つまり人間は自意識を発見し、それをサブジェクトつまり主体とした。つまり、あらゆる感情、思考そして行動の始発点、それが自己という名の主体である。そういう人間の自己発見とともに近代意識というものが芽生えてきた。その結果、主体としての個人が、その根本に理性や良心を保有しているのだと思われ始めた。

人間は言語的存在である。その言語は個人のものなのか、理性であれ良心であれ、人間にあっては言語によってしか規定されえないし、表現もされえない。言語こそが人間存在の証《あかし》だと言える。言語が理解され、過去世代から未来世代の人間に継承されるのはなぜなのか、それは、言語は当初から社会的にして歴史的な性格のものだからだ。社会という空間そして歴史という時間に関わる言語から、個人の価値感覚や規範意識が生まれる。さらには個人の欲望といわれているものにしてすら言語的な意味づけによって編成されている。

そうである以上、個人は単なる個人ではありえない。「分割不能なものとしての個人」はないことになる。もうこれ以上分解できない人間の諸性質が個である。しかし、個人の感覚、思考そして行動が言語によって編成されているとなると、分割可能なものとなる。

言語というものによって個人が存在しているかぎり、他者との関わりとしての社会性が入ってくるし、過去とのつながりとしての歴史性が入ってくる。

個人の主意性や主体性が保証されているなかで個人の尊厳をいうというのは、いったい何を意味するのか。

それは自分たちのこれまでの言語表現は常に完成に向かっている、という判断に立ち、それをいっそう完全なものにする、という意思表明にすぎなくなる。

はたして完全に向かって進んでいるのだろうか。実際は逆である。フランス革命においてすら、革命の旗幟《きし》は、ギロチンの血となり、ナポレオンによる大量殺戮《さつりく》、ロシア革命や中国革命による飢えと殺人。人々の日常生活は価値喪失と規範溶解にまみれた。「伝統の崩壊」であり、「調和の瓦壊《がかい》」であり、「信念の解体」であった。

言語活動の主体としての個人とはそもそも何者なのか。人間を「個人」とすると、「個人性と集団性」を持ち、また「私人性」と「公人性」を持つ。人間を英語のパブリックに対応するものとしての「私」とする。

どんな人間であれ、自分がさまざまな集団の中で生まれ育ち、そのあともいろいろな集団の影響を受けつつ人生を送る。その意味では人間はすべて、個人性と社会的かつ歴史的としての集団性を持つ。

言語活動をなす「自分」は個人性と集団性を持ち、また私人性と公人性を持つ。

個人性に「尊厳」というものは、ない。公人性も集団性も、持たない私的な自分に尊厳が宿る。

「人間の尊厳」とは何か。

アメリカ独立宣言にも、日本国憲法にも、「人間の自由は国民の不断の努力によって保持されるべきものだ」とある。「不断の努力」とは、4次元な存在としての自分において発生するさまざまな葛藤、亀裂、分裂を乗り超える以外ではありえない。自由のための不断の努力というのは、人々に主体性の発揮をさらに促すための単なる叱咤《しった》激励《げきれい》となり、尊厳ある個人であるはずの自分が、どうして不断の努力を要請されるのか、ということになる。


不断の努力が必要になるのは、自分が多面的な性格を持ち、それらの間での平衡が失われれば自己喪失の危険に見舞われるからであり、このように自分のうちに危機の可能性が存在しているということは、尊厳などというのは、単なる自分にたいする美辞麗句《びじれいく》にすぎないということになる。歴史に耳を傾け社会に眼を開き、そうすることによって自分が何者であるかと問う人間は、けっして個人主義ではない。ましてや私人の尊厳などはない。

シチズン（市民）とは、「国から保護してもらうかわりに国への義務を果たさんと構えている人々」のこと。人間の尊厳とは、きわめて人工的な観念にすぎない。

「自由とは何だ、言葉だ、言葉とは何か、空気の振動だ」（シェークスピアのセリフ）

規制がなければ自由などはそもそも無意味で、不可能なこと。自由の意識とは、自由の選択肢が複数ある時に生じる。道徳に参照を求めて、人間は選択基準を定めるほかない。

では、道徳とは何か。「人間の行為に対して規制を施《ほどこ》し規範を示すもの」である。

言葉の世界の中に、人間の生がある。歴史という名の茫漠《ぼうばく》としたものが入口にあり、社会というこれまた定かならぬものが出口にある。自由の問題とは、そういったものである。

意思と決定のバランスという高次の自由を、人間はいったいどんな能力に基づいて遂行するのか。ニーチェのように自分は超人だとでも構えないかぎり、「自分は自由によって良きバランスが保たれた」とは言えない。バランスの取り方において、歴史における成功や失敗の系列から学ぶほかはなく、意思の決定のされ方である意思というものに譲らざるをえないという循環から逃げられない。精神が未熟だということである。人間は、この終わりなき、苦痛に耐えることになる。それに終止符を打ってくれるのは人生の有限性そのものでしかない。

人間およびその社会の奥底に、何らかの真理が秘められている。真理とは何か。それはキリスト教的な意味合いで神意のことである。

人間現象は自然現象とは異なり、人間の主体的決定という法則化できないものを含んでいる。人間および社会の中に真理が内蔵されているかどうかは、大いに疑わしい。秩序世界の外部には混沌《こんとん》としか言いようがない世界が待ち構えている。時間軸でいえば未来も過去も未知である。さらには不可知ですらありうる。空間軸でいうと、自然も（脳を含めた自分の）身体も未知さらには不可知である。したがって、科学や哲学の完成などは起こりえないのである。

言語による秩序世界は、外部からの刺激が契機となって内部を再編成していく。そのようにして生み出される変化の創造過程が文明である。書き記されたものの歴史的蓄積を利用して、人類は変化を意識的に創造し始めた。おのれの言語能力の中に変化を創りだすポテンシャルがあるのだと人間は知った。変化創造の能力を自意識にのぼらせ、社会全体の仕組としても、その能力を実現させやすくするように変えていくと構えるところから、近現代が始まった。

変化を止めることは不可能である。涅槃《ねはん》じみた超越の世界に人々がこぞって入るのでもないかぎり、言語能力を封殺しないかぎり、人類は変化の過程からはのがれられなくなってしまった。

人間は、自分から自分を変えることはできない。あくまでも、変化は必ず外的要因によってもたらされる。

外的要因とは環境・人間関係の影響がそうさせる。

普通の人間はたとえ無自覚であろうとも、拠るべき価値判断を求めざるをえないし、求めてもいる。多種の選択肢の中で何を選ぶか、多様な選択基準の中で何を選ぶか、逆にいうと、人間は価値判断の問題に切実な関心を持つ、その意味で道徳的でしかありえない、という奇妙な動物なのだ。

革命という言葉は、中国では絶対不動の天というものがあって、その天の意思を受け継ぐものとしての王朝が交代していた。今の王朝が天の意思から大きくずれて、たとえば国民を飽くなく収奪するというようなことになった場合には、他の一族に天の意思が伝えられ、新しい王朝ができるというもの。

そろそろ民主主義が疑われて然《しか》るべき時である。民主主義が疑われれば自由主義が疑われる。全体主義もまた自由主義の産物である。自由が放埒《ほうらつ》に流れて無秩序状態が出現すれば、「民」は拍手・喝采の熱狂の中から独裁者を選び出すことによって、秩序を取り戻そうとする。つまり民主主義の自己否定が全体主義である。

民主主義にしても、社会の多数派が健全な価値判断を抱いていなければ、多数派による少数派の排除にすぎないものとなる。

六〇年代半ばから七〇年代にかけてのアメリカでは、ベトナム戦争の敗戦がきっかけとなって、麻薬・暴力・性などをめぐる紊乱《びんらん》がその極致に近づこうとしていた。このような絶望的としか言いようがない時代に、唯一の希望が生まれた。つまり言葉の意味もその価値も道徳を甦らせた。そのことにこだわってこその人間である。つまり道徳を求めてこその人間であるという良識が、死の間際から帰還する可能性が、仄かに見える。

フランス革命は、人権という空虚な観念の革命であったとも言える。それは「人間の権利」という普遍的な価値を発見したのだけれど。

人間が価値を実現しえているなら、その生に秩序・公正・活力が漲《みなぎ》っているとみていいのではないか。西田幾多郎（一八七〇—一九四五）の哲学における「矛盾的自己同一」とよんで、そこに「絶対無」の境地をみる必要は少しもない、とある。自由と規制の平衡・総合が秩序という「有」であるように、矛盾的同一は「無」ではない。どこまでもはてしなく続く矛盾の平衡・総合を追っていけば、究極的には絶対無とも超越性ともいえる精神の次元を見ることになる。そこは一種の神秘主義にすぎない。

マスコミ（マスメディア）によって、自分の意見は限りなくゼロに近い。世論なるものがマスメディアという拡声器を通じて、朝から晩まで鳴り響いている。いったい誰が喋っているのか。ニュース・リポーターであり、ニュース・キャスターである。彼らはいったいどんな人物たちなのか。もちろん、我々と同じくゼロに近い重みの意見しか持たぬ人々である。

アダム・スミス（一七二三―一七九〇）は、国民の道徳情操について論じるに際して、「公平な観察者」が必要であるとした。その仕事は司法官に期待した。

自然法（法律の基礎は道徳）は人権を保証している。

価値の源泉は宗教的な理念に基づいている。それが人間の限界なのだということになる。つまり人権も宗教であると言える。現代における宗教である。

国民のルールは、歴史の中で時間をかけて自生的にできる。つまり、国民の権利は人工的に設計されるようなものではなく、歴史の中に自生するものである。そして自生的なルールも権利も、国民の振る舞い方に対して概括的で形式的な枠組を与えるだけのものである。

自由意志は西欧のキリスト教に根ざしている。キリスト教に限らず、「善行を積めば救われ、悪行を積めば罰せられる」という倫理観を宗教の名の下に人々に信じさせようと人類はした。そうすることで大規模化し都合化した人類の集団は、より平穏集団社会生活を営めたのだ。しかし、この考えは全能の神というテーゼを否定しかねないものとなる。なぜなら、人間の行為が神を縛ってしまうからである。善行をしたのだから神が救ってくれる。悪行をしたのだから神が罰する。この時、人間と神の主従関係がある意味で逆転してしまうことに気づく。神の存在が全能であるはずなら、人間は善行を積むとか悪行をするとかで、運命に変化を起こせないはずだ、キリシタンが拷問を受けても、どんなに信心深く祈っても神は沈黙するべきなのだ。

「自由意志」という概念こそが、神は全能だという前提をそのまま据え置いて、それと矛盾しない形で、悪行を罰しそれを抑制する仕組みが発明された。すなわち「すべての人間は自分自身の自由な意志に基づいて行動を決定している」という考え方である。これによって神が人を罰する代わりに、人間が人間を裁く根拠が生まれた。自分の行動の責任はすべて自由意志のもとに自己責任となるのだ。法治国家の思想的基盤である。キリスト教社会が他の社会にまして、その規模を大きくし二〇世紀に繁栄したのは、この考え方が社会運営上、極めて効率よく機能したからである。

人間は知的にも、道徳的にも不完全である。人間は不安を持ちつつ生を始めて、不安の中で生を終える。人間は常に矛盾の中に自己をおいている。自由（フリーダム）と規制（レギュレーション）。平等（エクオリティ）と格差（ディファレンス）。博愛（フラタニティ）と競合（エミュレーション）。

人間はどういう環境で生まれ育ったかは、人間にはコントロールできない。パブリック・マインド、私心において「死にたくない」、公心において「死んでもやむをえない」。これが道徳。戦うためには勇気が、しかも「義」を守るための勇気が要る。「自死を選ぶ」ということを単純（簡便）死という。生命の終焉、そのものには、格別の意味はない。死を忌《い》みすればするほど、死への不安、恐怖は高まる。

人間には、その類《たぐい》まれな言語能力のおかげで、「精神」が備わっており、その精神から価値の観念が生まれる、ということ以外にはありえない。価値の源泉は人間精神にあるとしなければ、文化も文明も語れない。

人間の精神とは何ものであるのか。おのれの精神が、無に向かって進んでいるということの不安と恐怖。

ルクレティウスは、人間の不安・恐怖を緩和しようとして宗教が創られた、とし、死に対する不安・恐怖よりも、自分の生命が永続であるとしたことの方が怖い。この世に生起する事柄は、基本的にはかつて生じたことの焼き直しであり修正にすぎない。

人間の精神は遅かれ早かれ洞察《どうさつ》に至る。おおよそ知悉《ちしつ》した事柄が無限に繰り返すほかないのである。人間は完璧に生きることはできないのだから、過去において不安を持ちつつ生を始め生を終えている。神仏の存在を実感できなくとも、神仏を崇める行為はできる。人間とは、そうしたものでしかないのだから。「太陽と死は直視するなかれ」という格言が教えるように。

君は何回、生を終えたのか。生命はあくまで手段価値を持つにすぎない。生命には目的価値はない。人間の生命は他の生命の犠牲のうえに成り立っているにすぎないのだ。「人間とは何か」を問う時、言語能力を持ったおかげで「精神」が備わった。そのことを問うのでない限り、人間には何もないということになる。人は死ということで「無」ということを言いたいのだ。ある意味で正しくもあり、またある意味においては間違っている。

人間の精神から価値の観念が生まれる。その精神が死への不安や恐怖を抱く。その精神とは何者であるのか。死が何者であるのか、は知ることはできない。不可知なのだ。

視覚化することはできない。それが宇宙であり、人類の存在でした。

▼科学者と「死」▲

あなたはどう思いますか。

このよくできた宇宙、そしてグチャクチャな人間社会。すべてにおいて成立する方程式。ジョン・フォン・ノイマンの方程式。マンハッタン計画で原爆の爆発の引き金となった、インプロージョン方程式。アルベルト・アインシュタインの「質量とはエネルギーの凝縮であり、エネルギーとは解放された物質である」。メンデルの遺伝の法則。ダーウィンの自然淘汰。ニュートンの天体力学……。


〈アインシュタイン〉

アインシュタインは十二歳の時、「1、2、3、4……という、ごく普通の整数の相互関係を追求する学問」の高等整数論や、初めてユークリッド幾何学に触れて、その「不可思議さ」に心を打たれ、「そこには理屈を超えた真理があった。一例をあげれば、三角形の頂点から底辺におろした三本の垂線の交点はひとつである。これは、いかなる疑問をさしはさむ余地もないほど明確に証明される。この鮮やかさと確実性に、私は言葉では表わせないほど強い印象を受けたのだ」と記しています。

アメリカのプリンストン大学に一九三〇年代アインシュタインはいました。ここを「風情に富む格式のある村」と呼んだ。ファインホールと呼ばれる切妻造りで、赤レンガと大理石が外壁を飾るネオゴシック調の建物は、オックスフォード大学をしのばせる堅固な要塞だった。

一九四八年のプリンストンは数学者のための場所だった。それは、パリが画家の街、ウィーンが精神分析医と建築家の街、古代アテネが哲学者と劇作家の街であったのと同じだった。数学者が「絶対に離れたがらない」聖地だった。アルベルト・アインシュタインは十二歳でユークリッド幾何学を理解した。

これって凄いな、と思わないかい。私なんか普通の子供でしかなかった。何かが人間の生活を豊かに潤してくれるとしたら、それは何なんだろう。

アメリカにはパトナムという数学競技会があり、上位五名は全国的に有名な大学で数学科の掲示板に名前が公表される。

このパトナムに二度も入賞した数学者ジョン・フォーブス・ナッシュ（一九二八―一九

九八年）がいる。一九二八年生まれで十八歳の時と十九歳の時。とにかく、びっくりするほど知識をたくわえていた。ナッシュはプリンストン大学大学院へ入り、アインシュタインと顔を合わせる。

一九三九年、ドイツのベルリンで、カイザー・フリードリッヒ研究所の物理学者オットー・ハーンがウラン核分裂に成功した。この情報がルーズベルト大統領に入る。ルーズベルトは第二次大戦勃発の二か月前、一九三九年十月に、ウラニウムに関する諮問委員会を設立して、急遽《きゅうきょ》マンハッタン計画をスタートさせた。高度な分析作業において数学が大いに有効となった。それまではニュートン力学の微修正程度にしか見られていなかったアインシュタインの相対性理論も、信じられないほどの影響力を持つようになった。茶会の雰囲気は友好的であったが、「才能のない者は去れ」の空気が漂うようになった。ライバル意識がぶつかり、他人を中傷したり、出しぬいたりする、競争が日常茶飯事となった。「あいつはばかだ」と言われた人間は、もうその人間が存在しないも同然となった。ニュートンの万有引力の法則、アインシュタインの相対性理論、ハイゼンベルクの量子力学、散らばり放題の書類、一見存在不可能に思われる物体。プリンストンでアインシュタインが言った。

「神は理解しがたい。しかし悪意あるものではない」

ナッシュは大学院一年生で二十歳。ナッシュは言う。

「問題を追究すれば、本質が見えてくる」

アインシュタインはたいてい朝の九時から一〇時の間に、マーサー通り112番にある白壁造りの自宅から一・五キロほど歩いて研究室へ行くのが習慣だった。

原爆製造へ参画したアインシュタインと数学者ナッシュ。

アインシュタインは六十六歳の誕生日を送る。「光は太陽の重力によって曲げられる」という相対性理論を「啓示のごとく閃いた」と呟く。

茶会では初めから人目をひいた。ニューヨーク・シティ・カレッジから来た大学院生は、「ナッシュは何に対しても、『くだらない』と言うのが口癖でした。もちろん、誰にとっても『くだらない』どころではないことについてです。要するに、人をけなしたいだけなんです」と述べている。

ナッシュは、自分の存在を認めてほしかった。見たところナッシュは、四六時中ただ考えていた。寄宿舎前の、自転車置場から借り出した自転車に乗り、8の字や次第に小さくなっていく同心円を描きながら考え、大学の中庭をゆっくり歩きまわりながら考え、まるでけっして線路からはずれない路面電車のように、うす暗いファインホールの二階にある廊下の壁へ肩や額を押しつけて歩きながら考えていた。

一九四八年には、アインシュタインはすでに四分の一世紀以上にわたって世界の尊敬を集める存在になっていた。一九〇五年に著した特殊相対性理論は、「光は空中を波としてではなく、離散的な粒子として伝搬する」という説。一般相対性理論は一九一六年に発表され、そこで提示した「光は太陽の重力によって曲げられる」という説。

ニューヨークの南八〇キロの地点に、プリンストン高等研究所の施設が建てられた。この数学のオアシスは、原爆製造のために、プリンストンの物理学者や数学者の研究設備の一部を移設したもので、アインシュタイン、タルト・ゲーデル、ロバート・オッペンハイマー、フォン・ノイマンといった巨人が講義を行う所となった。このプリンストン高等研究所は、大学から二、三キロ離れた地点、農場のそばにあった。イリノイ州、カリフォルニア州、ニューメキシコ州を原爆の実験を行う場所とした。

ニュートン力学に支配されていた古典物理学の絶対的な世界は崩壊し、いたるところで知的変動が生まれていた。一九〇五年には、ベルスのスイス特許局に勤めるアルベルト・アインシュタインなる無名の青年が、ニュートンを一夜にして有名にした業績に匹敵する画期的な研究論文を発表した。

「質量とはエネルギーの凝縮であり、エネルギーとは解放された物質である」

これは、それまで絶対と見られていた時間と空間が、実は相対的なものであるという主張である。アインシュタインは、十年後には一般相対性理論を体系化し、「重力は物質自体に備わる特性であり、物質の粒子に作用するとともに光にも作用する」、言いかえれば、「光は直進しない」ことを明らかにし、ニュートンの法則で述べられているのは真の宇宙ではなく、重力のひずみを通して見られた宇宙にすぎない、とした。

アメリカでは一八八〇年代から激動の二〇世紀にかけて、将来の道を開くための資産が蓄えられていた。ロックフェラー一族は石炭、石油、鉄鋼、鉄道、銀行といった事業で何百万ドルという財をなした。やがて一族は、ロックフェラー財団とその支部を発足させ、大学院生に資金を提供し始める。受給者の中に、マンハッタン計画のリーダーとなった、ロバート・オッペンハイマーがいる。オッペンハイマーは海外在住で、財団のヨーロッパ人のアメリカへの招聘《しょうへい》によって米国へ来た。

財団は、一九二〇年代半ばに、「マホメットを山へ送り出すより、山をこちらへ呼びよせる」方向転換を図り、ベルリンやブタペストなどヨーロッパの科学の中心地を捜しまわり、見つけ出した新学説に耳をすましてその提唱者に面会して、アメリカへ招聘した。また、プリンストンをはじめ三大学に多額の寄付金を提供した。このおかげで、プリンストンはヨーロッパ五か国からの研究者に十分な給料を支払い、加えて大学院生および大学院入学予定者にも潤沢な研究資金を用意できることになった。

高等研究所はプリンストン大学に近接していたために、世界中のすぐれた教授や学生を呼び寄せやすくなり、研究所に一時的な滞在や研究のためにやって来た人々を、長くとどめる磁場の役割を果たした。

こうしたプリンストンの空気とは対照的に、かつてアメリカ物理学界、数学界の中核だったハーバードは四〇年代後半、斜陽状態にあった。プリンストンを震源地とする大地殻変動が発生しつつあった。ヨーロッパの頭脳がアメリカへ流入し、一堂に会した天才移民たちは幅広く、また難解な数学的技法の数々を持ちこんだ。さまざまな出生国を持つこれらの数学者や物理学者が移入した。世紀の変わり目以来ヨーロッパで生まれた数々の新研究はアメリカ人を瞠目《どうもく》させた。

敵軍に一定量のダメージを与える爆弾には何トンの爆発力が必要か、戦闘機を加速させるには重装備か、軽装備か、ドイツの基地を爆撃すべきか、対日戦に勝利するには、どこを爆撃すべきか、するとしたらどれだけの威力をもった爆弾が必要なのか、そして今までにない爆弾の製造が急がれた。

原子爆弾の製造である。かつてなかった爆弾、五〇〇〇度の高熱、五〇〇〇度の熱波が風の如くすべてを焼きつくす。オッペンハイマーは言う、核分裂爆弾は五〇〇〇度の熱を出す、と。ニューメキシコ州で原爆の実験に成功する。

この後、数年後に、エドワード・テラーが核融合爆弾に成功する。一万度の高熱で、すべてを焼きつくす。

原爆は広島に落下する。

〈ナッシュ〉

ある日談話室で、第二次大戦中に有名になった兵站《へいたん》業務のクイズ「ジープの問題」について、学生たちが語り合っていた。

この問題のポイントは、三〇〇〇キロのサハラ砂漠をジープで横断したいが、ジープの燃料タンクには三〇〇キロ走れる量のガソリンしかつめられない、とするとどうしたらよいかということだ。砂漠をわたるには、一歩後退二歩前進作戦しかない。すなわち、ガソリンを満タンにしたジープで、数個のガソリン缶を運び、一五〇キロ走ったところに缶をおろして、ジープはスタート地点へ引きかえす。そこで、またジープを満タンにし、数個のガソリン缶を積んで最初の一五〇キロ地点まで行っていくつかの缶をおろす。そこで再度ジープに給油して満タンとし、さらに一五〇キロ進んだ地点で残りの缶をおろす。そこから第一の一五〇キロ地点に戻り、またジープを満タンにして、残りの缶を積みこんで前進する。これを繰りかえしながら、三〇〇〇キロを横断しようとすると、必要なガソリンは、何ガロンか、という問題である。

この問題に対する、もっとも望ましい解はない。

数学者ナッシュは、一九五三年に偏微分方程式に対する見方を一八〇度転換させた。ナッシュの定理は、

「滑《なめ》らかさについて、ある条件を満たす曲面は、実際にユークリッド空間に埋めこむことが可能である」

この定理が正しいと予想したものは一人もいなかった。

ところが、ナッシュの実力を高く評価する人物が現れた。幾何学者・ミハイル・グロモフである。ナッシュの定理を基礎として、「偏微分関係」をまとめた。彼は、「ナッシュが生み出した成果に匹敵するものを生み出せる人間は、ほとんどいません。それは、稲妻の閃光のようなものです」と言った。

天才の中のあるものは、スプリンターと同じで難問を即座に解いてしまう。つまり、何が可能で何が可能でないかをわきまえている。スタンフォード大学の数学者パウル・コーエンは、

「ナッシュに、特別の背景知識があったわけではありません。ただ一種の超自然な触覚に

動かされていたのです。どうしてそんなことができるのか、誰にもわかりません。私の知るかぎり、ナッシュはそうした能力を身につけている唯一の人間です」

ナッシュの解は、奇抜というだけではなく謎のようでした。異様な不等式が、すべてひとかたまりで現れる謎、と言ったらよいでしょうか。それを理解し、そこで解かれたことをよく見て、それに抽象的表現を与えて一般化すれば、何かに応用できるように思われた。

天才数学者ナッシュは言う。

「世の中とは自分がそれまで考えていたのとは大違いで、あまりあてにはならず、自分の力もそれほど大したことはない」

一九四五年、ラジオの前にうずくまり、広島への原爆投下のニュースに聴き入った。決定的な瞬間であった。米国戦争省（のちに陸軍省となり、やがて国防総省となる）がそれまでヴェールに包まれていた砂漠にある三つの「原爆の町」を明らかにし、従来無名であったオッペンハイマーやエドワード・テラーといった科学者が国民的ヒーローとなった。

ナッシュは「人生ってそんなものかも、つまらないものか」と呟く。

アインシュタインが一九五五年に死去する。一九五六年のプリンストンは味もそっけもない場所となった。

ナッシュは、またもや独得の新手法を編み出して、基本的な存在、一意性、連続性の定理を得るようになる。まず非線形方程式を線形方程式に変形し、それを非線形的な手法で処理する。

偏微分方程式の世界的権威ラーシュ・ゴーディングは、

「そのような方法は見たことがありません。それは天才的なひらめきだったと思います」

一九九六年に、若くしてこの世を去った天才数学者がいる。

南イタリア、レッチェの貧しい家に生まれた、エンニオ・ド・ギオルギ。ド・ギオルギの論文は、ナッシュよりも頂上を究めていた。「楕円《ダエン》的方程式」である。

「ナッシュはド・ギオルギのことを知った時、ひどいショックを受けていた。もうダメになってしまうのではないか、と思った者もいるくらいでした」

一九九四年、イェール大学のジャン＝カルロ・ロータがそう述べている。

ところで、このド・ギオルギは、イタリアで最高に権威のある数学教授の座についたのですが、「神の存在を数学的に証明できる」というのです。そしていくつかの理論を出すのですが、神の怒りに触れてなのか急死します。

君は、どう思うか。

年をとると能力がおちる。「数学の最高の能力は二十六歳ごろから下り坂になる」と、スタンフォードのジョン・フォン・ノイマンは言う。また、フォン・ノイマンは、「数学のアイデアは、さまざまな経験から生まれる。だが、ひとたび思いつかれると、その主題は、おもしろいことにひとり歩きをし、他の創造的なアイデアとくらべてもすぐれていると見なされ、やがて完全にと言ってもよいほど、外観を整えることが優先されてしまう。数学の原理が一般に広まり『抽象性』がいっそう拡大すると、衰退の危機におちいる。その時の唯一の治療法は、再び原点まで戻ることだ」と言っています。

ナッシュは、三十歳の時、パリを訪れた。そこでメルセデス１８０を購入して、その車で妻アリシアと南へ向かった。ピレネー山脈を越えてスペインへ入り、いったんイタリアへ行き、それから北上してベルギーを訪れた。楽しい旅だった。

「ふたりとも若かったですから、とてもすてきな旅行でした」

アリシアはそう回顧《かいこ》している。

「リーマンの仮説の不可解さ」をナッシュは研究するも、決してリーマンの仮説は解けません。リーマンは三十九歳で死去しています。数学界において、リーマンの仮説は謎のようなものでした。この仮説が解けたら人間ではない。ナッシュはこれに熱中します。そして、ナッシュは精神病を発症します。ナッシュの様子はどこか変で、何かが狂っているという気がした。妻アリシアは、

「私たちの手の届かないところで、何ごとかが進行している感じでした」

「地球の外から目に見えない力が、と言い、車を走らせて、ナッシュはラジオの周波数を切りかえどおしでした。初めは、ただせわしないまねをしているだけ、と思っていました。ところがナッシュは、メッセージが届くんだ、と思いこんでいたのです。これはただごとではないと思いましたが、ほんとのところはよくわかりませんでした」

一九五九年四月、ナッシュはマクリーン病院に精神病で入院します。三十一歳の若さです。この時のナッシュは急激な妄想状態、支離滅裂な手紙、講義ができなくなっていること、妻であるアリシアを脅して傷つける危険性、こういったもろもろの事実を考えると、このような配慮が必要なものとなっていたのです。

マクリーン病院は常にハーバード大学医学部と結びついていた。病院というよりは保養所と考えて、神経の疲弊した詩人や大学教授や大学院生にとって、そこはR＆R（保養休暇）の格好の場所となっていた。

この病院は、なかなか上品な施設だった。ナッシュも他の患者も「いかにも年老いた女性を相手にするようにあまりにやさしくされ、こまごましたことまでかまわれすぎてとまどって」しまうような扱いを受けていた。クルーカットでローマカトリック教徒の看護士が、就寝時になるとチョコレートミルクを持ってきて（大半がボストン大学の学生だった）、ナッシュを「先生」と呼び、好きなことやホビーや友人のことを尋ねてくる。「栄養たっぷりのニューイングランド風の朝食」と食べきれないほどの量の昼食と家庭的な夕食で、どの患者もまるまると太っていた。ナッシュには「傘付きの終夜灯」と壁に風景画のかかった「ドアの閉まる」個室があてがわれた。「由緒正しき患者たち」であるナッシュの仲間はみんなやさしく、相手を気遣い、ナッシュと話したがり、本を貸してくれ、「病院での過ごしかた」を教えてくれた。いずれもハーバードの「将来を嘱望《しょくぼう》されていた若い男子学生」で、今はクロルプロマジンを多量に注入されて言動がにぶくなっているが、どの一人をとっても、「医師たちより知的で興味ある存在」だった。

ところで、ローウェルの詩「ボビー・ポーセリアン」（一九二九年）に出てくる年老いた人がいる。

「朝、起きた時、空が青く晴れわたる日、苦しみもだえる私の心は、いよいよ暗く打ち沈む」

これって、人生を賛美《さんび》してないですね。人生って、何なんだ。年老いた人は、苦しむ。「年老いた人＝苦しむ人」かなあ？　苦しみを和《やわ》らげることが医療。人は苦しんで苦しんで死ぬ。少し変とは思わないかい。社会生活の秩序を乱すようだけれど、私は安楽死もあっていいように思う。未だ必ずしも合法とは認められてはいないけど。そもそも苦しみ出したら、人生って何か、とか、死とは何か、とか考えている余裕などない、と医師は言う。

今までに、もう死ぬんじゃないかと思ったこと。トラックが信号を無視して、横から突っ込んできた時、目の前に大型のトラックが見えた。その時、死ぬんだ、と思った。もう一回は43フィートの船で伊勢湾から大王埼を航行していた時、波が三メートルに突然変わった。転覆して死ぬんだ、と思った。

ナッシュは言う。

「ぼくは神の左足だ。そして神はこの地球を歩いているとたしかに感じている」

ナッシュは間違いなく精神病だ。五月二十八日、五十日の入院生活から、再び自由の身となる。

でも、この後には、正気のナッシュと狂気のナッシュがあった。

ある朝、目が覚めたら巨大な虫になって、あおむけに倒れていた。精神分裂病の妄想。

「妄想は、往々にして破壊できない自我を形成する」

ナッシュは夜眠れなくなった。「頭がまったく無意味な計算を勝手にやってしまい、はちきれそうだ」と訴え出した。

ナッシュは健康面でさまざまな障害に遭遇します。

一九六八年、ナッシュ四十歳。鏡をのぞきこむと……「死骸」が映っていた。死ということが、心を占めるようになっていた。

一九七八年、ナッシュ五十歳。

「なるようにしかならないいいいいいいい」

ナッシュは身も心もぼろぼろになっていた。

「何をしても、それは、くたびれるだけのものでしかない」

一九九四年十月十二日の火曜日、ナッシュ六十六歳。

ストックホルム大学の若くて気品のある経済学教授ユルゲン・ウェイブールは、腕時計に五十回の目を通す。彼は今、スウェーデン王立科学アカデミーの巨大な大会議堂の、正面近くに立っている。ノーベル経済学賞の立場は一種独得であった。スウェーデンの発明家アルフレッド・ノーベルは一八四五年に有名な遺書を書く。物理学、化学、生理医学、文学、平和の五部門の賞を制定した。経済学賞が制定されたのはそれから七十年も後のことである。賞金は、スウェーデン中央（国立）銀行より出されて、スウェーデン王立科学アカデミーとノーベル財団の管理下におかれるこの賞は、「アルフレッド・ノーベルを記念する、スウェーデン中央銀行による経済学の賞」なのだ。候補者は存命中のものに限られる。

委員会では、ナッシュにノーベル賞を与える気運が高まっていた。しかし、ナッシュの業績は半世紀も前のことであり、経済学というよりは数学であることを聴衆に思い起こさせた。

しかし、ノーベル経済学賞に、ナッシュが選ばれた。

一九九四年十二月五日、ジョン・ナッシュは、数日後にストックホルムでアルフレッド・ノーベルの肖像を彫りこんだ金メダルをスウェーデン国王から拝受するため、アメリカのニュージャージー州から飛び立った。ナッシュは、ストックホルムで慣例的に行われる、一時間近くの記念講演をする。

「一般には、宇宙は拡大しつつあると考えられているが、宇宙は拡大しないという仮説」を語った。宇宙は拡大してない可能性が高い。テンソン解析と一般相対性理論からの結論である。

一九二九年弁護士出身のエドウィン・ハッブルは銀河はお互いに対して静止しているのではなく、常に遠ざかっているのだと主張して、一大センセーションを巻き起こした。また銀河が地球から遠ければ遠いほど、その銀河は速い速度で地球から遠ざかっているのだという説を提案した。

このテーマは、アインシュタインを困らせた。

そして、時は停止してはいなかった。

「自分の留守の間に世界は動いていた」

かつて輝かしい若者たちは、すでに身を引くか死にかけるかしており、子供だったものは中年に達している。創造的な研究をする元気はもうなかった。

ナッシュは、聞こえないほどの声で呟いた。

「私は、少し年をとりすぎた」

ナッシュは、いつも後悔にさいなまれる。ノーベル賞も失ったものを取り戻してはくれやしない。

「自分という存在は、タマネギの皮のように一枚はぐと次のが現れてくる。タマネギの皮一枚が自分なのだ」

年をとることは厳然たる事実であり、世界は若い人間の行うゲームなのだから。人間とはとてもすばらしい存在だった。天才数学者の絶望。

君は、どう思いますか。

世界とは、世間とは、若者が活躍する所だ、と言っているのです。

〈ディラック〉

天才物理学者ポール・ディラック（一九〇二年―一九八四年）は、英国にとって、ニュートン以来の最大の物理学者です。彼が残した言葉がある。

「灯心も油も尽きてしまったのだ。不満な心に、美に満足を見出しなさいと。目も眩《くら》むばかりにまばゆい大理石に現れる美に。だが美は、我々が去ってしまえば自らもまた去ってしまう。我々の孤独などには一層無頓着となる。それは亡霊にすぎなかったのだ。おお心よ。われらは年老いた。命ある美は、若者のためのもの」

「神がこうあるべきだと、おっしゃったら、下手な芝居のように自分の生活が、自分の人生が演じられた。その芝居を演じることが私だったのだ」

ポール・ディラックは量子の学に関するディラック方程式を発見します。

ディラックは、自分の人生を振り返って、失敗だったというのです。相手は、フロリダ州ゲインズビルにあるフロリダ大学の理論物理学者ピエール・ラモンドです。ラモンドは、「これほど偉大な人が、自分の人生をそんなふうに言うなんて、とても信じられませんでした。だとしたら、私たちはどうなるんです？」と語っています。

そのディラックにはフェリックスという兄がいた。

一九一四年、アインシュタインは、人々が空間、時間、エネルギー、光、そして物質についてどのように考えているかを変える四つの論文を書き、量子力学と相対性理論の基礎を築いた。この二十三年後、ディラックは二つの理論を一体化することに世界で初めて成功する。

当時すべての親がそうだったように、子供たちが結核に罹《かか》りはしないかと恐れていた。イギリスでは死者の八人に一人が結核で亡くなっていた。とりわけ、成人男性が狙われたかのように、容赦なく次々と命を奪われていった。十五歳から四十四歳までの男性の死者のうち、じつに三人に一人以上が結核で死んだ。

一九一六年二月、ドイツ軍は、ヴェルダンでフランス軍を疲弊させる作戦を開始したが、七月になると戦線はなかなか変化せず、死傷者の数は大幅に増えた。一九一七年四月、ドイツ軍はUボートによる無差別攻撃を開始した。敵国イギリスへの食糧はじめその他資源の供給を断つのが狙いであった。この時点では、まだオスマン帝国が、優位にあった。しかし、ドイツ軍のUボートは、アイルランドを目指していたアメリカの客船を沈める。アメリカが参戦した。一方、二月に帝政が崩壊し、その九か月後にレーニンのボルシェヴィキ革命が起こったロシアは、混乱のさなかにあった。

ポール・ディラックの兄フェリックスは、医者になろうと心に決めた。父親、チャールズ・ディラックは、高い学費を六年間も払うことはできないと反対する。フェリックスは一九一六年、機械工学の講座を学び始めた。
一九一八年、大戦の終盤近くになってはやりだしたスペイン風邪が世界的な大流行となり、戦争よりも多くの命を奪った。

一九一九年一月七日の金曜日、『ザ・タイムズ』が「停戦記念日に戦没者を追悼するため二分間の黙祷《もくとう》を捧げてはどうかという、あるオーストラリア人記者の提案を英国国王が受け入れた」という記事を載せた。変わりばえもしない戦後特集号をまた出したのかと思われた時、アインシュタインはメディアにもてはやされる有名人となった。十二ページの第六段に載っていた九百語の記事は、「科学の革命」という見出しに興味を引かれないかぎり、たいていの読者は見過ごしていただろう。だが、これは極めて重要な記事で、この記事こそアインシュタインが、ベルリンの無名の学者から一躍世界的な有名人に変貌するのを助けた。まもなく、口ひげを蓄えた顔ともじゃもじゃの黒髪は、全世界の新聞読者にお馴染みとなった。この日『ザ・タイムズ』に載った無署名の記事は「これまで受け入れられてきた基礎物理学を根本から変えてしまい、二百年以上にわたって君臨してきたアイザック・ニュートンの主張を転覆してしまうかもしれないアインシュタインの理論が検証された模様だ」と報道していた。イギリスの天文学者たちからなる二つのチームが、最近起こった日食の際に、遠方の恒星からの光が太陽によって曲げられる時、どれだけ曲げられるかは、ニュートンの理論ではなく、アインシュタインの理論に従うことを発見し、これによってアインシュタインの正しさが検証されたというのだ。この時、世界が興奮した。

一九二〇年一月二十日の『パンチ』は、イギリスの敵、ドイツの国境の内側で生まれた相対性理論に対して、多くの人々が困惑している様子を掲載した。

「ユークリッドは行ってしまった。教師たちに見限られ、追放されて。そして、現代のドイツ生まれのユダヤ人物理学者たちは、空間の中の奇妙なねじれと矢のように進む光の道筋のずれを見出し、ニュートンの理論をさんざんに破壊した」

アインシュタインは、空間と時間の計量は、ほとんどすべての人が考えているように独立したものではなく、密接不可分に結びついていると述べた。ここから空間と時間を統合した時空という概念が生まれた。

一九二三年、ポール・ディラックは電子について学んだ。

電子は二十五年前、ケンブリッジ大学のキャベンディッシュ研究所でJ・J・トムソンが発見した粒子である。このトムソンが電子は原子よりも小さい、すべての原子の構成要素だと主張した時、彼の同僚の中には、トムソンは冗談を言っているのだと思った者たちもいた。多くの科学者にとって、原子よりも小さい物質が存在しうるとは想像もできなかったのである。その後、教科書にも、電流とはトムソンが発見した電子が流れているものであると説明していた。

ポール・ディラックは、ケンブリッジ大学で学びます。そして第一級の優等学位を取ります。セント・ジョンズ・カレッジの伝統は、その建築に最も強く現れている。建物の中には、ヘンリー八世の学問好きの祖母、レディ・マーガレット・ボーフォートの死後、彼女から贈られた多大なる寄付金を資金として、四百年前に建てられたものもいくつかある。

時代を超えて姿を保ち続けるこれらの建物は、ここで学んだ者たちに、自分たちの学び《まな》舎《や》は、永遠に存在すると思い知らされた。この伝統はガリレオにまで遡《さかのぼ》る。ガリレオこそが、自ら「自然の書物」と呼ぶものを数学の言語で表すための第一歩を踏み出した。近代物理学の創始者だ。

ガリレオがこの取り組みを行ったのは一七世紀の末、セント・ジョンズ・カレッジの最初の建物が完成して百年になろうとする頃のことだった。この意味で、セント・ジョンズ・カレッジは物理学よりも古い。

一九二三年、セント・ジョンズ・カレッジを含め、ケンブリッジ大学の正式な学生は男子ばかりで、全員が公《おおやけ》の場では、ガウンと角帽を身につけるよう義務付けられていた。学生たちは、身の回りの世話はあれこれとやってもらえた。午前六時にはもう、全員女性からなるベッドメーカーたちが、学生たちが使ったベッドを整える、朝の仕事にいつでもとりかかれる態勢で、石の階段にたむろしていた。「ジップ」と呼ばれる男性の小使いたちは、学生や、特別研究員のために、掃除、食器洗い、使い走りなどの用事を一日中引き受けた。

ディラックは、ケンブリッジ大学最大の学科であり、その水準の高さで知られる数学科で学んでいた。ディラックは常にトップだった。ケンブリッジの偉大な科学者に、ニュージーランド生まれのアーネスト・ラザフォードがいる。彼が原子核の存在を確認したのは、一九一一年の夏であった。一九一九年、彼は原子核の多くは正に帯電した陽子だけでできているのではなく、質量は同じだが電荷は持たない、当時未発見の粒子も含まれていると主張した。彼が原子核について行った大胆な予測の一つである。だが、この「中性子」の発見には至らなかった。

ディラックの兄フェリックスは、父が医学を学ぶことを許してくれなかったことを恨んでいた。フェリックスは、志願して救急救命士団の一員となった。彼のあこがれだった医師の生活を垣間見《かいまみ》ることができる夜の仕事であった。

　底冷えのする、ものさびしい、一九二五年一月の上旬、フェリックスはついに切れた。仕事をやめてしまった。フェリックスは貯金を取り崩す生活になっていた。冬が終わる頃には、彼の貯金は底をついてしまった。

　三月十日、「フェリックスが死んだ」ことをディラックは知った。遺体は四日前、マッチウェンロックのシッロップシャー村2マイル南のある原っぱの端、柊《ひいらぎ》の茂みの根本で見つかった。スーツに蝶ネクタイというこざっぱりした服装で、ポケットの一つにはスパナが入っており、自転車に乗る時に使うズボンの裾留めをつけたままだったが、彼の自転車はどこにも見当たらなかった。

　遺体の横に空のガラス瓶が転がっていたので、発見した人たちは、彼が毒を飲んで自殺したのだろうと考えていた。身元がわかるような書置きは一切持っておらず、遺書もなかった。唯一身元の手がかりとなったのは、ウルヴァーハンプトンの眼鏡屋の名前が入った眼鏡ケースであった。検死官は、ディラックと父親に告げる。遺体は三月六日の金曜日に発見された。男性、年齢は二十五歳、身長5フィート9インチ、痩せ型で黒髪、薄い口ひげに健康な歯をしていたと続けた。フェリックスは、「健康ならざる精神状態のもと、青酸カリを服用」して自ら命を絶ったのだと結んだ。

一九二五年、ケンブリッジ大学に、若き日のオッペンハイマーはいた。オッペンハイマーは、裕福なユダヤ系アメリカ人のダンディーな男で、当時反ユダヤ主義が蔓延していたハーバード大学からやって来たばかりだった。彼は感情的に脆《もろ》く、自分の人生で何がやりたいのか自分でもはっきりわかっていなかったが、外面的には自信たっぷりに振舞い、いつも自分の教養の幅広さと深さをひけらかそうとやっきになっていた。彼は大学院生であったが、教授のラザフォードに嫌われていた。彼の目に仲間のアメリカの学生たちは、「無視され捨て置かれていること。そして一人また一人と去って行く」と見えた。オッペンハイマーは「重度の抑鬱症《よくうつしょう》」と診断された。

一九二五年十二月一日、イギリスの王立協会が、ディラックの量子力学に関する最初の論文を出版した。量子論の専門家たちの間に、新星が誕生したという噂が広まった。

原子とは元素の最小の微細な粒子。原子核とは原子の中核となる粒子。宇宙の初期、何らかの量子跳躍《ちょうやく》が起こり、今のような宇宙の複雑さの原因となった。そのような量子跳躍は自然現象の計算不可能な部分をなしている。

科学者たちが宇宙の進化の中で生命が出現する可能性は、ほとんどゼロに近いくらい低いことを示したら、それは神が存在する証拠となる。奇跡が存在するということは、自然の根底に存在する諸法則を、その美こそが彼が神聖視していたものが、一時的に破られることになる。

一九五五年、ポール・ディラック、五十三歳。

「宇宙の基本は粒子ではなく弦《げん》のようなもの。1次元のもので太さのないひもである。その性質は力線の両端に現れる（端をもっていれば）。1次元の小さな『弦《げん》』である。現れないもの。弦が丸《まる》まっているもので、見ることはできない。誰にもわからないもの。目には見えないもの」

ドイツの街ベルリンは、ベルトルト・ブレヒト、アルノルト・シェーンベルク、クルト・ヴァイルなどの作曲家の町として有名である。一九二三年の猛烈なインフレを経験するドイツの若者たち。彼らにできることは一日一日を生き延び、ただ手に入るすべてのもの、つまり、太陽、水、友情、自分の体を精一杯楽しむことだった。

そのベルリンからニーダーザクセンの町や村を越えた所にゲッチンゲンの地があった。一九二七年一月の末、ディラックはまさかと思うような相手と友情を結んだ。ロバート・オッペンハイマーだ。

ゲオルク・アウグスト大学（ゲッチンゲン大学の正式名称）にやって来たディラックは、

カリオ家という家族の邸宅に下宿する。そこにいたのが、オッペンハイマーだった。この邸宅は外から見ただけなら珍しくなく贅沢《ぜいたく》な住居の一つと思われたが、邸宅に入ると、そこには苦難と極度な貧乏が見て取れた。

ワイマール共和国が誕生したばかりの不安定な年月の間に、カリオ家はドイツ通貨の暴落で大きな痛手を受けたのだった。一米ドルで購入できるドイツマルクは、一九二〇年一月には64・8マルクだったのが、一九二三年十一月には4兆2000億マルクへと急増した。なお悪いことに、カリオ家の大黒柱だった医師が、医療過誤で医師免許を剥奪されてしまった。

共和国が安定した今、カリオ家は自宅を宿泊施設にして、旅行者に貸すことで生計を立てていた。これら旅行者の多くは、ヨーロッパで最も権威ある大学の一つ、ゲッチンゲン大学にやってくるアメリカの学生だった。ディラックは毎晩、下宿仲間たちと一緒に、ジャガイモ、肉の燻製《くんせい》、ソーセージ、キャベツ、リンゴという、この土地の料理を中心とした夕食をとるのだった。

ディラックとオッペンハイマーは下宿を出て、プロイセンの騎兵隊の兵舎にそっくりな、見てくれはあまりぱっとしない赤レンガの建物の中にある、第二実験物理学研究所のボルンの所に行くのに、歩いてたった五分しかかからなかった。ボルンは四十四歳で、面倒見がよかった。ボルンの邸宅へ招かれる時もあり、その時は、陽気な会話が弾みとても楽しかった。

ゲッチンゲルは丘に囲まれた、ドイツのケンブリッジだった。

オッペンハイマーはケンブリッジでも、ハーバードでも無視され、いつも孤独だった。ついにゲッチンゲンに来て物理学者集団の一員だと感じることができて喜んでいた。

一九二七年二月上旬、ディラックは、ゲッチンゲンに到着してからわずか数日の間に、オッペンハイマーの野心に火をつけていた。オッペンハイマーは、博士号取得のために取り組んでいた分子の量子力学についての研究を終えようとしていたところで、ディラックが拓《ひら》いた方向に広がっているはずの未来に関心を抱いていた。後年、人生の終わりに近づいたオッペンハイマーは言った。

「私の人生で一番わくわくしたのは、おそらくディラックがゲッチンゲンにやって来て、輻射の量子力学について彼が書いた論文のゲラ刷りをくれた時だったと思います」

オッペンハイマーは、これは「並外れて美しい」理論だと見抜いたのだった。

ニュートンの時代から広く受け入れられてきた、自然は巨大な時計仕掛けの機械だという比喩は長い間、ほとんどの目的に対して適切で有用だった。だが、もはやそうではなかった。量子力学は本質的に数学的な抽象という操作に基づいており、具体的なイメージを使って視覚化することはできない。

ゲッチンゲン大学にディラックが残したもの。

「齢《よわい》とはもちろん、すべての物理学者が恐れる悪寒を伴う高熱。三十歳を超えたなら、なお生きるより死んだほうがまし」

ディラックは、量子の世界をイメージするとしたら次のようだと言った。

「その世界の絵を描くことは、目の見えない人がひとひらの雪をさぐるようなもので、少しでも触れれば融けてなくなってしまうのです」

一九二八年七月の末、ディラックはロシアを訪問します。

ソビエト連邦の物理学者たちは量子力学の重要性には早くから気づいており、西ヨーロッパの最先端の量子力学研究者たちから学びたがっていた。

ディラックは、ウラジカフカスに程近い氷河を六時間かけて徒歩で遡《さかのぼ》る観光客に加わった。

四十五歳になったディラックは、生まれて初めて若い女性が裸でいるのを見たコーカサスでの経験を回想して語った。

「彼女はまだ思春期の子供でした。私は女の子専用のプールに連れて行かれたんですが、そこでは女の子たちが水着をつけずに泳いでいました。美しいと思いました」

一九二九年、ケンブリッジで好まれた詩があった。八十五歳の桂冠《けいかん》詩人、ロバート・ブリッジズだった。

「美は真なり。そして真は美なり」

ブリッジズは美を追求し、音楽、絵画、そして自然の中だけではなく、科学、食べ物、そしてサッカーの試合にも美を見出した。ディラックも、美は芸術や自然のみならず、もっと多くのものにあると認識していた。

一九三〇年二月二十日、ディラックは王立協会のフェローに選ばれた。

ディラックは言う。

「人類は永遠に存続し、限りなく発展し、進歩する。これは私の心の平安のために、どうしても必要な仮定なのだ。この無限に続く進歩の鎖にほんの小さな貢献ができるなら、生きることにも価値がある」

一九三三年十二月、ディラックはノーベル物理学賞に輝く。

ディラックは記者の質問に答えて、「自分が幸せを感じるのは、講義室にいる時と、自分のスポーツ・カーのハンドルを握っている時だけだった」と述べた。

一九三三年、レニングラードで、ボーア主催の第一回ソビエト原子核物理学会が行われた。

スターリンによる五か年計画と農業集団化が開始されてからのソビエト連邦の食糧不足と経済の混乱がどの程度のものか、食糧不足は最悪の状況だった。食事にありつける行列などめったになかった。たった五分の一の肉と魚が中心となっていた。十分な食事ができるのは、政府の役人とディラックのように外国からやって来た要人だけだった。それまでの四年間に千四百五十万人が命を失った。第一次大戦による死者を上回る数だ。衣類すら店で売られていない。これから迎える凍てつく寒さの季節に必要な厚手のコートはなく、人々は生きる力をすでに失っているように感じられた。

一九三七年、スターリンは人民の敵と疑われた人々の拷問を許可する。スターリンの忠実な部下たちが犠牲者の目を抉《えぐ》り出し、睾丸を蹴り、排泄物を食えと強要していた。道路を走るトラックは射殺され、町の北側に広がる森に埋められる運命の囚人たちを運んでいた。

その後何年にもわたり、ソビエトの市民たちはこの「一九三七年」を、大粛清《しゅくせい》がピークに達し、スターリンが支離滅裂で残忍な、大量威嚇《いかく》、大量投獄、大量殺人の一大活動を実施した年として語ることになる。この年が終わるまでに、四百万人が命を失った。

ソビエトの科学者カピッツァは、拘束されることなく研究に取り組んでいた。カピッツァはこの年、一九三七年二月にヘリウムを液化することに成功する。

一九三八年、ＢＢＣラジオはますますあからさまになっていくヒトラーの野望をニュース速報で伝えた。春には、ヒトラーはオーストリアを併合した。兵士たちは市民が迎えるなか、膝を曲げずにまっすぐ伸ばしたまま高く上げて歩く、ガチョウ脚行進でオーストリアの町という町に侵入した。そして秋には、ヒトラーの軍はチェコスロバキアに侵入した。

一九三八年九月、オットー・ハーンとフリッツ・シュトラスマンという二人のドイツ人が歴史の流れを変えるような発見を行っていた。ベルリンで核分子が発見された。化石燃焼によって解放されるエネルギーの量に比べて、百万倍も大きいエネルギーを生み出す。

一九三九年の夏までには、核兵器はもはや現実的な可能性となった。

一九三九年夏、ウィグナー、シラード、そしてテラーは、ルーズベルト大統領に核兵器の可能性に関心を持ってもらい、ドイツが最初にそんな兵器を製造してしまうことの危険性を認識してもらうために手紙を書くようアインシュタインを説得した。

ところで、一九四一年十二月七日の真珠湾攻撃をうけてアメリカが参戦した直後、「アメリカは、二年あれば日本人たちに勝利できる」と宣言していた。初めからアメリカは日本を脅威とは見てないのです。

一九五〇年代になると、原子より小さな粒子としては、数百種類の粒子が存在しており、その大部分は一秒の一〇億分の一以下しか寿命がなく、すぐに崩壊して他の安定した粒子になってしまうこと、そして崩壊のプロセスは誰にもわからないものである。

どうやら自然は、自分が一番底に隠している秘密をなかなか明かしたくはないようだった。


一九四九年の晩夏、中央情報局（ＣＩＡ）は「予測したよりも少なくとも二年早く、ソビエト連邦が初の核実験を行った」と報じた。

アメリカは、世界に冠たる技術大国としての地位をソビエト連邦に奪われてしまうのではないかと恐れ、共産主義者たちがアメリカ国内で重要な地位を占めているのは良くないと考え始めた。

最初の犠牲者の一人が、オッペンハイマーの弟で人望のあったフランクだ。

フランクは実験物理学者、一九四九年、正真正銘の共産党員であることがばれてミネソタ大学を首になった。一九五〇年二月、クラウス・フックスは戦時中、ディラック、パイエルスと共同研究を行い、その後マンハッタン計画にも参加したが、重要な機密情報をソビエト連邦に流したと告白した。

このスパイ行為こそが、ソビエトに予測よりも早く核兵器の爆発実験を可能にさせた。

まさに「世紀の犯罪」だった。

兄オッペンハイマーも「国家の安全を脅《おびや》かす危険人物」となる。妻はアルコール中毒となり、生涯立ち直ることはなかった。

一九五五年二月二十一日、ディラックは黄疸《おうだん》に罹《かか》り、一睡もできぬ夜も少なくなかった。病に苦しみ、塞ぎこみ、自分は死につつあると思うようになった。

一九五五年三月、アインシュタインが死んだ。ディラックは涙を流して泣いた。

一九五三年、スターリンが死んだ。

一九五六年二月、フルシチョフが党指導者たちに演説する。スターリン政権の残虐さを批判する。スターリンの座を競っていたベリヤをフルシチョフ配下の中将の一人が額を撃ち抜き殺害する。

一九五六年、エジプトのスエズ運河が国有化となる。

一九五七年十一月。ソビエト連邦の人工衛星が打ち上げに成功する。地球の周りを九五分で一回りする。それまでソビエト連邦の技術を見下していた西側諸国は、一転してその技術力の高さに驚くとともに脅威を感じる。

一九五七年十二月、アメリカ初の人工衛星打ち上げが試みられるも、発射数分後に爆発し、大失敗に終わる。

それまでアメリカ人が後進農業国だと思っていたソビエト連邦が実際には、科学教育においてアメリカ合衆国のはるか先を行っていたのだと考えるようになった。

一九六二年、ボーアが死ぬ。昼寝をしに二階に行って心臓麻痺で亡くなった。「私の最も近しい友人の一人が亡くなった」とディラックは述べた。

エドワード・テラーは、宇宙は膨張しているのだから、もしも大数仮説が正しければ、数百万年前には今より重力がもっと強かったことになると指摘した。地球の海はすべて、二億年から三億年前に沸騰して蒸発しきってしまっていたことになるが、それは地球上には少なくとも五億年前から生物が存在していたという地質学証拠と矛盾することをテラーは示した。

だが、一九五七年にアメリカの宇宙論研究者ロバート・ディッケが、大数仮説が登場したのは、生物としての人間が、恒星が形成されてから死滅するまでの間にしか存在しないという事実の結果であるという説を提案する。

さて、これら二つの仮説のどちらが正しいかを決定できるものは何もない。

宇宙には初めも終わりもなく、まるで一つの筋書きが無限に繰り返される映画のように永遠に続くという、「定常宇宙論」。

一九七九年二月、肝臓ガンで、ミュンヘンにいたハイゼンベルクが亡くなる。ディラックのかつての師であり友人であった。量子力学の先駆者のうち、ディラックの友人だった者は、もはやみんな死んでしまった。

一九七一年六月、リンダウ会議の席上、ディラックは「神は存在するか？」という問いは現代物理学で最も重要な問いの一つだと言って出席者たちを驚かせた。

「物理学者はまず、神の存在する宇宙とはどのようなものか。そして、神の存在しない宇宙とはどのようなものか、この二つを明らかにすることによって、この問いを厳密なものにしなければなりません」

ディラックと記者との会話。

記者「あなたは何を研究しておられるのか、素人にもわかるように説明していただけないでしょうか？」

ディラック「はい、宇宙の創造ですよ」

記者「すごいですね。もっと教えてください」

ディラック「宇宙の創造は、一つの巨大な爆発だったのです。定常状態説なんて、ナンセンスですよ」

記者「でも、その前には何も存在しなかったなら、何が爆発したんですか？」

ディラック「その質問は、しても意味ありません」

記者はその時の様子を、ディラックは、神のお告げを伝える託宣者《たくせん》のように超然としていたと記した。

一九八三年、ディラックは健康を損ねます。寝汗がひどいことと、時々発熱することに苦しめられます。近所の医師ハイゼル・ワットに相談します。静かな、心安らぐ言葉を、南部人らしいゆったりした口調で助言します。

ディラックの健康上の問題の源は、彼の右側の腎臓だと突き止めたこと、レントゲン写真から、右腎臓が過去に結核に感染していたことがわかり、腎臓は切除すべきだと助言します。

ディラックはフロリダにいました。タラハシー記念病院で手術をします。手術後のディラックの体調は思わしくなく、体力も気力もなく、夏いっぱい、自宅で療養して過ごし、テレビを見たり、囲碁や他のボードゲームをやったりしたが、本格的な仕事はとてもできなかった。数週間経って、ようやく二、三歩歩けるようになったが、エアコンの効いた家から、蒸し暑い外に出ようという気力はなかった。数十年ぶりに彼は、田舎を歩きまわって夏を過ごすことができなかった。

一九八四年四月、ディラックの最も親しい友人で、兄のように慕っていたソビエト連邦の物理学者カピッツァが死んだ。

一九八四年十月。日に日に落ちていく気力と、逆に強まっていく頑固さがあった。ディラックは自分が正気を失うことを最も恐れていたが、それが現実になることは決してなかった。ディラックはお見舞い客と面会した。

フロリダ州立大学のブルース・ヘルマンだ。ディラックは彼のほうに身を乗り出して、きっぱりと感情を交えずに言った。

「私の人生の最大の過ちは、家から出て行きたいと思っている女と結婚したことだ」

ディラックの口調は、苦々しくもなければ、嘆くような調子でもなく、それについて議論しようなどというわけではなさそうで、ただ淡々と事実を述べただけに聞こえた。おそらくディラックは、二人が出会ってすぐに妻マンシーが彼に話したことを思い出していたのだろう。その時彼女は、最初の夫と結婚したのは、自分の両親の家から出て行くためだけだったのだ、と言ったのかもしれない。

一九八四年十月十八日、ディラックの心臓は心不全を起こし、一一時五分に停止した。

ディラックの口癖は「神がこうあるべきだとおっしゃったから」。

ディラックが埋葬された場所には、すっきりとした白い大理石が置かれた。そこには、「神がこうあるべきだとおっしゃったから」という言葉が刻まれていた。

妻、マンシーは、年々関節炎の痛みと、ひどい喘息の苦しみの中で過ごしていた。生涯最後の数年を在宅介護で過ごし、二〇〇二年に亡くなった。墓碑銘には「彼女の寛大な魂を安らかに眠らせたまえ」。

ディラックは、重力の強さは時間というものが始まったその時以来、次第に弱まってきたと確信した。しかし、天文学者たちが地球に近いいくつかの太陽系惑星について行った結果はそうではなかった。

現代のビッグバン理論によれば約百三十七億年前、宇宙が誕生したまさにその時に、物質と反物質は厳密に同じ量ずつ作り出されたという。そのあとすぐ、クォークまたは反クォークによって形成された重い粒子のいくつかが崩壊して、物質のほうが反物質よりも一〇億分の一という、ごくわずかな割合だけ多くなり、これが重大な意義を持つこととなった。

このわずかな不均衡がなかったなら、時間が始まった時に形成された物質と反物質は、ただちに互いに消滅し合って宇宙はその消滅の瞬間に生じた高エネルギーの光にごく短時間満たされたきり、その後物質が反物質を見つけ出す機会など決してなかったことになる。宇宙開闢《かいびゃく》の瞬間に、物質のほうが反物質よりもたくさんあったことになる。

実験による情報を提供してくれる一番の源は、素粒子加速器だ。

そこでは、普通の粒子を互いに衝突させることによって反物質が生成されるので、それが物質と結びついて消滅してしまう前に素早く「分離」して、普通の粒子の崩壊と、これら反粒子の崩壊とを比較検討することができる。

実験物理学者は、この取り組みによって、物質と反物質の不均衡の謎を解き明かそうとしている。

現在、素粒子加速器は毎日、約百兆個の陽電子と五兆個の反陽子を生み出している。因みに、それらをあわせた合計の質量は、一グラムの約一〇億分の一でしかない。これは、ごくわずかな量でしかないが、これを意のままに生み出すことができるということは、今やホモ・サピエンスは反物質をツールとして使っているということを意味する。

今日陽電子は大量生産されて世界中で使われているある装置の中で、日常的に生み出されている。それは陽電子放出断層撮影装置（ＰＥＴ装置）で、医師たちはこれを使って、患者の脳や心臓の内部を外科手術を必要とすることなく観察している。

これは、手法としては単純である。患者は自発的に陽電子を放出する特殊な放射性化学物質をごく微量注射される。すると、その化学物質が落ち着く先の組織に含まれる電子と、ＰＥＴ装置で照射される陽電子が相互作用するのだ。その様子を撮影した写真は、電子＝陽電子対消滅によって放出された輻射の記録となっているのである。

ほんの二、三十年の間に陽電子は、科学者にとってまったく新しい奇妙なものから、原子よりも小さな量子の種類の一つになった。反物質を巡る話の中で最も注目すべきは、人類がそれを初めて理解し認識したのは、視覚、嗅覚、味覚、触覚のどれをとおしてでもなく、ディラックの頭の中で進められた、純粋に理論的な推論をとおしてであったという事実だ。

一九四〇年代、光子と電子の理論はわからなかった。

一九八四年の秋、ロンドン大学のマイケル・グリーンとジョン・シュワルツが、弦理論は基本的な四つの相互作用を統一する理論の基盤となるかもしれないと示す、重要な論文を書いた。

ディラックが死の床《とこ》に就《つ》いていた頃のことだった。

それまで、弦理論の枠組みの中では、弱い相互作用は完全な左右の鏡面対称性を持っていなければならないはずだと考えられており、それは、実験による証拠と矛盾していた。ところがグリーンとシュワルツは、弦理論は必然的にこの対称性の破れを記述できることを証明し、さらに弦理論に含まれるその他のやっかいな変則性を解決して革命を起こした。数週間のうちに弦理論は理論物理学の頂点となった。

この新しい理論は自然を、点のような粒子によってではなく、極めて小さくて、原子核一個の直径の長さにするには端と端をつないで百京《けい》（10^{18}、十億の十億倍）本並べなければならないような弦によって説明する。宇宙の基本的な構成要素を描き出すこの図式の中には、基本的な実体は一つ（弦）しかなく、電子と光子も含め、あらゆる種類の粒子は、音叉の振動モードになぞらえられる、弦の振動の励起《れいき》状態でしかない。

この理論の数学は恐ろしげだが、その複雑さの根底には、ジョン・スチュアート・ミルが提示した基礎物理学に望まれるものが存在する。つまりそれは、四つの基本的な相互作用すべてを統一的に説明する記述なのである。

現代の弦理論の特徴は、そこにはディラックが忌み嫌った、無限大がまったく登場しない。

弦理論は、ディラック方程式と同じように、自然を理解するためのツールであるのみならず、それ自体の価値を持つ純粋に数学的な概念の宝庫だということが明らかになっている。

弦理論は、四つの基本的な相互作用を統一する理論の唯一の強力な候補者だが、すべての理論物理学者がこの理論に納得しているわけではない。かなりの物理学者が、弦理論は4次元よりも高次元の時空（最も定式化しやすいのは、10次元、または、11次元である）でなければ意味をなさないということを憂慮《ゆうりょ》している。

一層困ったことには、実験からは弦理論を支持するような結果がほとんど得られていない。

弦理論は、実験物理学者たちがテストできるような、明確な予測を提示したことがまだないのだ。

別の道を探るほうが良いと言う物理学者もいる。パイオニアのマルティヌス・フェルトマンだ。

「弦理論はでたらめですよ、実験とは何の結びつきもありません」

実験によって確かめられない限り正しいとは言えない。

ディラックがいれば、基礎物理学の終点の間近にいるなどとは思わないように、と警告したことだろう。

経験から学ぶことが何かあるとすれば、それは、どんな革命も、その次に起こる新しい革命を免れることはできない、ということだ。

陽子と電子が発見されるまでは、原子が一番小さいとされた。ところが、その原子は電子と原子核からできていて、原子核の中には陽子と中性子があることが発見された。

弦理論、実験物理学者まだまだ先があるようで……人間の命がありません。

でも、君は変だとは思わないか。形而下が科学であり、形而上は哲学だ。だとしたら、はっきりした形があって、感覚の働きによってその存在を知ることができることが科学なのだ。目に見えないものは魂（霊）だけだ。高次元の時空など人間がかってに創ったものでしかない。この世は4次元なのだ。

〈バンティング〉


君は、バンティングを知っているかい。

インスリンを発見した人。糖尿病が膵臓から分泌されるホルモンであるインスリンの量あるいは作用の不足で発症する病気なのは、インスリンの発見によって確かなものとされ、それを機に対応としてインスリン治療と経口血糖降下剤の開発が進む。

フレデリック・バンティングは、一八九一年十一月一四日、トロントの北、およそ40マイルに位置し、カナダの中心地域、肥沃で僅かに緩やかに起伏する田園地帯にあるバンティング農場の田舎家で生まれた。

彼の最も早い記憶は、朝食後毎朝、聖書は家族のお祈りのために棚から降ろされた。

バンティング家はイギリス人の家系で、フレデリックの祖父ジョン・バンティングが北アイルランドから出てきた一八四二年以来、カナダに住みついていた。

バンティング家の人々は富裕階級で、彼らの農業社会の上流階級のメンバーだった。

フレデリックの両親は、アリストン地域で生活するのを常とした先住民について多くの物語を彼に語った。そして彼はいつも牧草地で矢じりと槍の穂先にうっとりとしていた。

バンティング家の農場の右側の地域は先住民がキャンプをする場所だった。耕作地はなお、彼らのかがり火による灰をひょっこり出現させていたものだった。フレデリックにとって最初の先住民、白人の服を着て、かごを売る老人を見た時、イメージが混乱するのがわかった。彼が幾度となく耳にしてきた獰猛《どうもう》な、威厳《いげん》のある先住民ではなかった。

バンティング家は、教会活動に多くの時間を費やした。

バンティングは恥ずかしがりやの、人見知りをする少年だった。小さなフレディ（フレデリック）はいつも泣かされていた。

「私は、正午の一時間半と冷たい昼食に対して恐怖を抱くようになった。幾度となく、私は昼食を川にめがけて投げ入れたり、あるいはしばしばそれを持ち歩く手間をはぶくためにメイバリ家の犬に与えた。学校での最初の二〜三時間……私は昼食を持って古い遊園地へ降りて行って、路の脇に腰を下ろして食べるのが常だった。

その全然楽しくない孤独な昼食は不幸な時代として私の記憶の中に深くこびりついて離れない。私の誕生日、十一月一四日のこと、そしてこの時期は寒いことを覚えている。人は誰もがその人の誕生日に起こったことがその後一年中毎日起こると思うものだ。……そして第六回目あるいは第七回目のこの誕生日に、私は一日中泣かずに最善をつくした。私は午後の授業まで時間を埋めるために昼食時に遊園地へ出掛けた。私は独りぼっちだった。そして泣くまいと試みるのが非常に難しかったので、われ知らず泣き出した。

当然のことながら、その年、毎日私が泣くかもしれないことを意味した。この心配は一層私を泣かせた。

私は、学校へ間に合うように戻ることがどうみてもかなわなかった。私はそのことについては静かに泣いたけれども、それでかえって学校と自宅で私を泣かせたつまらないことには泣かないことにした。小さな子供たちでさえも泣く赤ん坊を嫌うので、泣くことは他の子たちから泣く子を引き離しがちである。だから私には友達が全然いなかった。

授業時間は昼食時間よりももっといいわけではなかった。私は授業中に質問されることへの絶え間のない恐怖で過ごしていた。たとえ私が答を知っていたとしても、クラスメートよりも先にそれを決して言えなかった」

フレデリックは、母親に対して、「学校へは行きたくない」と話した。母親は、「そんなことは恐ろしいことで、学校へ行かないといけない」と説明した。母親と話し合っている時に父親が現れて、「仕事が沢山ある。お前が労働者以上によりもっと世間で役立つことがまさか何一つないのは余りにも良くないが、善良で正直な仕事人なら申し分ない。それをよく考えなさい。わかったらお前の仕事着を身につけて、にわとり小屋を掃除しなさい」と言った。

どの農場の少年も、十歳までにどれだけ長く学校にいられるかを決めなければならなかった。

フレデリックの祖父、ジョン・バンティングは息子たちに教育を続けることを強く勧めてきた。フレデリックの少年時代と両親、おそらくメソジスト教会の日曜学校での授業でも、彼に勤勉で何が可能なのかを教えた。

隣人のトム・マックナイトは、バンティング農場への頻繁な訪問者だった。怠惰《たいだ》で、しみったれの年老いたトムはいつも、ウィリアム・バンティングが彼の所有地で決して儲けることができないと予言していた。しかし、バンティング家は成功した。ある朝、年老いたトムがバンティング家の納屋で首をつって死んでいるのを、フレデリックが見つけた。彼は田舎をさまよう放浪者も同然だった。そして時々食物を懇願《こんがん》したり、納屋に寝床を与えられたり、たえず農場の女性たちを心配させた。バンティング家の納屋の干し草置き場で一晩過ごしたこともあった。このことはフレデリックの少年時代の記憶として残った。

フレデリックの父、ウィリアム・バンティングは、息子たちに彼ら自身の動物の責任を負わせるのが常だった。

「あの子羊は看病されるならば生きられるかもしれない。お前が子羊の世話をし、生き長らえるならば、それはお前のものだ」

　フレデリックによれば、

「我々はたえず、物事、責任そして利益を分け合った。我々は我々自身で稼ぎ、そしてそれが自立、責任そして関心の意識を生み出した」

　一九一〇年九月、フレデリック・バンティングはトロント大学芸術学部に入学した。その後医学部五年コースへ入学する。彼の仲間の人のために役立ち、尽くしていると信じるように仕付けられた真面目な若者にとって、医学は聖職者に代わるものだった。二〇世紀の最初の二十年まで、医師と多くの医療に関わる仕事は、一般の人々の考えるところでは地位が高いと位置づけられていた。無知なメス使用者が彼らの患者を出血で死に至らしめたり、水銀と秘薬でもって患者を毒殺した、一九世紀初頭の未熟ないまいましい時代はずっと前に過ぎ去った。

　すぐれた医者たちが助言できる最善について病状の成行きを自然にまかせることにあると知っていた。その時よりももっと最近の無力な時代さえも終わろうとしていた。医者は今では、病気を治療する知力と能力を持ち始めていた。

偉大な研究者たちは感染症の謎を解き明かしてきた。ワクチン、抗毒素、そして公衆衛生の改善、チフス、ジフテリアそして粘液すらも死者数を減らし始めていたし、天然痘およびコレラとはすでに戦って進歩をもたらしていた。効き目がある麻酔薬の採用がその後すぐ続くのだが、防腐処置と消毒薬の技術の導入は、入院処置と同じように上手く、外科手術と出産に革命をもたらしてきました。貧しい人々にとって死の家であるどころか、病院は裕福な人々でさえもが手術を受け、赤ちゃんを産み、そして先進的な医療を受けに行く公共施設になり始めていた。

富裕階級の多くが、病院を造るために、より多くの良い医者が養成されうる大学を設立し、そしてその仕事が近代医学をより一層の勝利に導くであろう医学研究者のための施設を造るのにお金を寄附し始めていた。

一九一三年にトロント総合病院が開院した時、市と大学は世界で最も素晴らしい病院施設の一つを手に入れた。二〇世紀の初めにおいて北アメリカで最も大きい、最高の機器、備品を備え、そして最高のスタッフを揃えた医科大学の一つだった。

ところで、バンティングは芸術学部を落第したのですが、医学部教育課程への申請がわずかな数だったので、医学部は定員があいていた。読み書きのできる若い男女は、当時としてはわずかしかいなかった。医学部が難しくなったのは大戦後のこと。一九六〇年末には、申請してそして最小限の入学資格認定を満たしたほとんど誰もが、大抵のカナダの医学校へ自動的に入学を認められた。医学部は現在ほど人気がなかった。

一九一八年、バンティングは第四四大隊の医学将校として第一線にいた。そこでは部署の多くの男たちにとっての一種の一般医として勤め、担架を担ぐ人たちを率い、そして交戦での負傷兵を治療していた。

バンティングの日誌がある。

「集中砲火は両脇でものすごいものだった。私は大隊と一緒に塹壕から出撃した。我々は激しい砲火と毒ガスの盆地を通り抜けた。私はデュライの西の凹《くぼ》んだ道で数人の傷を消毒し包帯を巻いた。それからデュライへ進んだ。この時までに大隊は見えない所にいた。狙撃と砲弾とが更なる前進を阻んだ。そこで私はねらわれた者たちのためにデュライの南西方面に引き返し、そして外科手当て用品を使えるドイツ兵の手当て場所に連隊救援標識柱と赤十字の旗を設置した。負傷兵が続々と来た。そして私は負傷兵を運ぶ十八名の担架手と、三十名余りのドイツ兵を管理した。親切なハイニースの夫婦は一日中働いた。一人が言った、『戦争は私としては終わっている』。

午前一一時頃から午後一〇時まで、私は夜中に少し睡眠をとったが、約四時間はガスマスクを着用しなければならなかった。

翌日、彼は大隊に追いつき、彼らと一緒にとどまった。そして彼らは前進したので空爆で焼け出された地下室に新しい救援場所を設置し、たえまのない砲撃の下で働いた。彼は二日の休養のために引き下がり、それからカンブライの攻撃の準備に携わることになった。それは、九月二七日に非常に素晴らしい集中攻撃で始まった。

ドイツ軍が反撃した時、負傷兵たちは立ち去れなかった。彼は患者たちと一緒にとどまり、彼が丁度足を切断した特務曹長が救援場所の扉の内に潜んでいたドイツ兵をしとめた。その時に彼の命を救った。

塹壕の床の上に手足を切断された死体が並べられ、その周りをゆっくり進んでいたカナダ兵の一人が生きているドイツ兵のはらわたを踏みつけた。死にかけているドイツ兵士は、死の苦しみの中で明らかに苦痛の軽減を求めた身振りを示していた。『私がしとめましょうか？』とケルズが尋ねた。そして、ピストルが発射するのを耳にした」

一時間後、爆発した砲弾による榴散弾《りゅうさんだん》の破片がバンティングの腕に命中していた。このことはバンティングの任務の終焉を意味した。

この原初的で強烈な感情「恐怖」とは、いったい何者なのか。

人が人間となって一層重く感じる。科学がどんなに高度に進歩しても、この原始的な感情「恐怖」はどうしょうもない。人間はこの原始的な感情からは逃れることはできない。

パスカルの言う、「死ぬことを知っている」「死の床に就《つ》いた」とか、「死の苦しみ」とか言われると、自分にしか操作できないスイッチがあって……電気の明りを消すように……だったらいいと思わないかい。でもこれは高齢者だけ。

彼は絵を飾っている小さな店に魅せられて、新しい趣味を持った。

「私は長い時間一つの小さな複製画をじっと見つめた。その絵は『陸揚げ』と題されていた。ロープを引っ張り、水面からころの上へボートを引き上げている男たちを描いていた。75セントにふさわしい絵を購入し、そしてそれを眺めながら女性に赤、青、緑、白そして黄色の絵の具を注文した。

これらを彼女は小さな箱から取り出した。それから私は彼女に絵筆を注文した。私は絵を描くことについて全く知識がなく、製作中の画家を今まで見たこともなかった。明らかに彼女は絵についてそこそこしか知らなかった、というのも彼女は私に油絵の具と水彩絵の具用の筆を売ったからだった。数か月後に一人の画家に出会うまで、私はその相違を知らなかった。

家に戻って、洗濯屋から届いたワイシャツの厚紙を手に取り絵を描き始めた。私のラクダの毛の絵筆には絵の具が余りにもどろっとしているのがわかった。箱には『油絵の具』

とうたわれていた。私は油を買っていなかった。そこで診察室から持ち出したカストリウム油を用いた。その時期における私の最も幸せな時間は、かくして大部分が古い雑誌あるいは本の絵を真似るのを試みることに費やされることだった。

私はそれらのうちのいくつかを大層自慢していた。私がとりわけお金に窮していたある時、最も良く描けた作品のいくつかを業者のところへ持参し、それらを売ろうと試みた。彼はいささか失礼なことをずけずけ言って、私の最も良い作品をあざ笑った。私は失望し、腹立たしかった」

一九二〇年十一月、バンティングはウェスタン大学で講義をしていた。

膵臓の完全な役割が何であるかを誰もが全く確信していなかった。組織の細長く、平たい、小さな塊の断片は、胃の下の裏側に位置していて、一つの機能よりさらに多くのものを持っているように思われた。膵臓を構成する細胞の主体部分は、膵管を介して十二指腸へと移行する消化酵素あるいは膵液を分泌していることが十分に明らかとなっていた。それは膵臓の外分泌物だった。

しかし膵臓は別の仕事を行っているように思われた、というのもそれが実験的に動物から除去された時に、動物の体は直ちに炭水化物を代謝する能力を失ったからだ。

過剰な糖が動物の体で増え、異常な高値で血液内を循環し、尿中にあふれ出ることになる。動物は頻回に排尿したり、過剰に飲水したり、食べたりし始めた。

科学者たちは膵臓が炭水化物を燃焼させる身体の能力を正常化する、ある化学物質、ある種の内分泌物を放出しているに違いないと仮定してきた。

「その夜は、心をかき乱されて、眠ることができなかった。それは、自分の不幸および私がどれほど借金から免れ、悩みごとから逃れたがっているかを思案した。私の頭脳を介して相互に追いかけっこして……膵管の実験的結紮《けっさつ》と膵臓の一部分に続いて生じる変性によって、人は外分泌物から邪魔されずに内分泌物を手にすることができるかもしれないというアイデアが私に浮かんだ。糖尿病。犬の膵管を結紮。膵島を残して、腺房退化まで犬を生かしておく。尿糖を軽減させるために膵島の内分泌物の単離を試みる」

バンティング医師は、多くの高名な科学者たちが膵臓の内分泌物を単離することを試みて、世界最高の機器を備えた研究室のいくつかで人生の多くの年月を費やしてきたことを悟らなければならなかった。内分泌物を求めた研究で、その三十年にわたる失敗の記録があった。多くの科学者たちが内分泌物はいずれ見出されるものなのかどうかと疑い始めていた。四百回という多くの企てが、失敗の記録のためだった。

科学者たちは、バンティングに問うた。

「数年は研究にかかりきりにならなければならない。このことを始める覚悟をされているのは確かですか？」

バンティングの研究用の犬。犬の尿、犬の排泄物、犬の嘔吐物《おうとぶつ》、そして死んだ犬の悪臭。犬舎はトロント大学の医学部棟の最上階にある、いやなにおいのする、汚い屋根裏部屋にあった。その隣にある小さな動物手術部屋は、細心の注意を要する、骨の折れる外科手術をするのを試みている研究者たちにタールとバラスの屋根を通して、夏の太陽が照らしつけたので言葉で言い表せないほど暑く、とても不愉快で悪臭を放った状態になっていた。

彼らは、膵管を結紮された犬、三九一号犬を殺して、萎びあがった膵臓を得て、リンゲル液（生理的食塩溶液）の中で臓器を切片にし、冷やし、それをすり潰し、そして溶液を濾過《ろか》した。結果は変性した膵臓の液状の抽出物となった。

君はどう思うか。数百頭の犬が、腹を切られて……。

「研究をするために、一体全体私が持っているすべてを捨ててしまった」とバンティングは言っている。

一九二二年、バンティングらの研究者たちは、糖尿病で失われた機能である、グリコーゲンの形でグリコースを貯えるという肝臓の機能を抽出物が回復させるか否かを見るのは重要なことだと知った。彼は抽出物《ちゅうしゅつぶつ》で治療された糖尿病犬の肝臓がグリコーゲンで満たされているのを見つけた。

かなり古い抽出物を人の糖尿病に試すことを決心した。病気が急速に悪くなり始めていた糖尿病の患者。バンティングの同級生で医師のジョーゼフ・ギルクリストは、抽出物を飲み込むことに同意した。

注射することは、極めて危険であり、経口薬として試みた。

それは効果がなかった（今日のインスリンでさえも経口的に投与された時には作用しない）。

医師ジョーゼフ・ギルクリストは、「その時、バンティングがブルータスに見えた」と述べた。

一九二二年、犬で力価を試した抽出物をトロント総合病院の病室へ持ち込んだ。研修中の内科医、エドワード・ジェフリーは、糖尿病患者の、レオード・トンプソンという十四歳の患者に注射することに同意した。コーヒー色の抽出物15ccを注射した。バンティングが用いた量は犬に用いられていた量の半分だった。

依然として糖尿病の数値だった。そして、明らかに惹起《じゃっき》された中毒性の副作用が表われた。注射部分が腫《は》れてきた。

臨床試験は失敗した。

バンティングは、来る日も来る日も抽出物を精製するのを試みて働いた。そしてある夜遅く、抽出物をどのようにして精製するかを見出した。彼は抽出物の活性成分を「捕える」ことができるのを見つけた。最初に、活性成分が溶けているが不純物成分の大部分は含まれていない膵アルコール溶液を作った。それから、活性成分自体が粉状で沈殿する限度までアルコール濃度を上げた。

「私は、これまでに私に気づかせたおそらく最も素晴らしい興奮とその瞬間を古い病理学棟の最上階で全く独りで経験した」

レナード・トンプソン十四歳に、膵抽出物の二回目の注射をする。この時のそれは精製された抽出物だった。

結果は目を見張るものだった。少年の血糖は正常にまで下がり、尿中の糖はほとんど消失し、ケント体は尿中から本当に消えていた。元気のない、半ば昏睡状態の子供が目に見えて快活となり、そしてますます元気になった。

彼らは糖尿病を治療することを発見した。

カナダのスター紙の記者ロイ・グリーナウェイは、「バンティング医師による発見」「医学史上で成し遂げられてきた最も輝かしい研究の一つ」という見出しで記事を出した。

バンティングの以前の指導者の一人である、G・W・ビリー・ロスは結核を治す血清の発見を一九〇九年に公表していた。しっかりと基礎づけられたインスリンの発見は、ロスをこの上なく感動させた。

再発見された抽出物の人での最初の試験は、アメリカのニューヨーク州ロチェスターにある病院だった。医師ジョン・R・ウィリアムズは、バンティングから手渡された抽出物をイーストマン・コダック社の副社長の二十二歳になる息子ヘブンスに注射しようとするのだが、ジェイムス・ヘブンスは衰弱が激しく、今にも死ぬのではないかと思われた。アメリカでインスリン注射を受ける最初の住民となったヘブンスはまさに死ぬ人だった。ウィリアムズ医師は、インスリンを注射した。最初の注射は効果がないように思われた。バンティングは、素早くインスリン投与量を増やすことを助言した。より多い量は効き始めた。ヘブンスは言葉を発した。そして昏睡状態にあったことが消えていた。元気のない死の状態から、それは生活の能力を回復しつつあった。ヘブンスは生き返った。

彼女の脚はよくない病状だったが、診察では彼女の全身に病変が生じていて、今にも糖尿病性昏睡に陥ることを示していた。我々は急いで彼女を病院へ搬送した。インスリンが投与された。翌日、彼女からアセトンが消えていた。

彼は笑気と酸素麻酔下に迅速で、見事な脚の切断を行った。二時間毎に検査を行い、アセトンと糖の両者のコントロールをするのに必要とされたその時、大量のインスリンを投与した。

それから数日が過ぎた。彼女は正常に癒えて、傷口の縫い目の糸が取り除かれた。彼女は絶え間なく回復した。数年間、彼女は義足で歩き回った。それは重篤な糖尿病患者に施された最初の大手術だった。

他の臨床医たちがインスリン治療を経験し始めるにつれて、それは人をこちらへと生きている状態に戻す驚くべき薬だということがわかった。インスリンの最も印象的な効果の一つが糖尿病患者の性欲と性的能力を回復させることであった。

彼は外来部門の糖尿病患者を診ていた。彼らを病棟に紹介すると、病院内にいる限り尿中の糖を消失させ、それを維持して見事に上手く行っていた。しかし病院から外へ出るや否や彼らは再び尿糖を出現させて、病院へ戻さなければならなかった。

彼は、彼らが可哀想な人たちでセロリ、トマト、レタスのような新鮮な野菜そしてクリームとバターを買うことができない。だから彼らは食事療法を守れないのだ、と考えた。

一九二三年、バンティングは北アメリカで最も賞賛されるべき医学者として評価され、ニューヨーク医師会は「彼は現代医学の最も偉大な発見の一つを成し遂げ、そしてバンティングの名前は医学の歴史に刻まれることになるであろう。優秀な人たちは、バンティングが、二年足らずで成し遂げたことを行うのに三十年間成功することなく試みてきていた」と述べた。

一九二三年、バンティングは、ハーバード大学で講演した。

バンティングは、癌の治療を研究し、「私が役に立つのではないか」と述べた。

「癌の治療は、組織細胞の増殖を阻止する何かの物質（化学的なものあるいは内分泌物）の獲得によって発揮されるであろう、と私は考える」

翌日、彼はアイデアを抱いた。

「癌から得た液体を注射し、そしてそれが隣接する細胞に増殖を惹起《じゃっき》するかどうかを調べる」

癌の治療法は百年もの間、わからない。なぜか……。

バンティングは糖尿病の医者ではなかった。むしろ発見者、アイデアを持った研究者だった。彼が取り組んでいたアイデアが、糖尿病の成因について、重要な何かに導こうがなかろうが、そこには他の疾病と他のアイデアがあった。彼が一九二三年に、癌について抱いていた考えが思い起こされる。そこには、見出されるべき他の内分泌物があるかもしれなかった。

研究のために彼の生涯をささげるのに必要な経済的支援と自由な時間を彼に与えれば彼は何かを生み出すかもしれない。

トロント大学の学長ミューロックは首相マッケンジー・キングに宛てて書いている。

「研究に関して、バンティングには研究の才能があります。部分的ではありますが、研究の成し遂げた仕事の事柄についてはほぼ非凡な才能があると思います。彼を知る人々は、彼を飾り気のない、気取らない、内気で、思慮《しりょ》深い人と評していて、彼が癌の問題を解決すると考えています。彼に仕事への専心を可能にする機会を与える価値はないものでしょうか？」

バンティング医師に対して、カナダ政府からの助成金はなかった。

一九二三年、バンティングにノーベル医学賞が授与された。

膵臓が、炭水化物を燃焼させる身体の能力を正常化する。

アイデアが実験以上に重きをなす。

「ムッソリーニ、ヒトラー、彼らは目的を達するだろう。フランスは指導者がなく、イギリスは寛大で、目覚める必要がある。日本は初期の苦しみに悩んでいる。中国は相変わらず鼾《いびき》をかいている。ロシアは羽根を生えかえている。新しい羽根が成長して、間もなく飛ぶであろう」

「自然は神である。我々はこの世に束の間、とどまっているに過ぎない。まるで人生を楽しんでいるかのように笑うことができなかった。どこかで、すべてが終わる」


バンティングの実験ノートがある。病んだ犬の死の苦しみの気の滅入るような列挙《れっきょ》である。どの頁にも、どの頁にも、落ち着かない犬、嘔吐する犬、小刻みに震えそして痙攣《けいれん》する犬、腹ぺこの犬、食物と飲物を拒絶する犬、咳をする犬、鳴いて、傷をなめる犬、はえにパクッと咬《か》みつき、よだれをたらし、排便をし、出血し、寝そべったり、しっぽを振り、ひきつり、口から泡を吹き、死にかかっている犬、檻で死んでいるのを見出された犬であふれている。

生きている動物の膵臓を「半ゆでにする」というバンティングの実験は、極度に苦しませた冷酷な生体解剖者、無力な動物たちの残忍な殺し屋でもあった。

バンティングは動物の取り扱いが荒っぽく、動物は人間に役立つために存在した。

バンティングは五百頭もの、健康な犬の腹を切った。

一九二五年、イギリスに滞在している間に、バンティングはウィリアム・ジャイの研究所を訪ねた。ジャイはラウス肉腫《にくしゅ》（悪性のはれもの）として知られた、ある種のにわとりの腫瘍《しゅよう》に関する研究に興味をそそられた。

ロックフェラー研究所のペイトン・ラウスは、この腫瘍が一羽の鳥から別の鳥へ無細胞ろ過液の注射で媒介されうることを実証した。それは、後にウイルスと呼ばれる不思議な非細胞からの生成物の一つによって引き起こされる癌の一種であると思われた。このことが起こりうるという考えは容易には受け入れられなかった。一九六六年まで理解されなかった。ラウスはノーベル賞を受賞した。

一九二五年、ジャイはラウス肉腫に関心を抱いて癌研究の最先端にいた。

バンティングは、ラウスの肉腫を伝染させることで、研究室で容易に癌を発生させることができた。それから、その創造を中断させる方法を見出すのを試み、ラウス肉腫を防いでにわとりを守るだろうある作用物質、ワクチン、血清、抗毒素を見つけ出そうと試みた。もしすべての癌がラウス肉腫のようであり（例えば、他の微生物の原因で伝染しうる疾病《しっぺい》であり）、そしてラウス肉腫を治療、あるいは阻止できたならば、その時あらゆる宝庫を開けていたかもしれない。

社交的で、女性らしい、「現代的な」女性とは、「これといって何もしないで家にいたり、あるいは妊娠して（引きこもって）人生の最高の時期を過ごすのは、かなりのむだである」とバンティングは述べている。

さあ、君はどう思いますか。

バンティングは、癌の謎の如く、腫瘍を引き起こす物質を一羽のめんどりから別のめんどりへ、一週当たり三羽から六羽のニワトリへ、毎週毎週、毎年毎年移植したので、彼にふりかかる大部分の骨の折れる仕事を考えると、ラウス肉腫の研究はあきあきするほど退屈なものだった。

彼はくる日もくる日も、くる年もくる年も結果を観察し、そしてめんどりの死に導く悪性腫瘍の成長についてほとんど変わることなく、非常に注意深く記録をし続けた。全部で一七六八羽のにわとりが五年間かけてバンティングの研究室で移植を受けた。

不思議なウイルスが引き起こす癌の謎を見つけ出そうとしていた。彼は考えるために静かな時間を創り出す努力をした。彼は癌への答えを求めて釣りをした。

一九三〇年代、民主国家が指導力を欠いた。そして一〇年以内に戦争が起こるのではないかと人々が恐怖を共有するようになった。

バンティングは再び戦争が勃発すると確信した。

敵をだめにしうるある種の病原菌や薬品や毒ガス、飛行機が敵の領土上に落とすことができるある種の「非常に残忍な毒薬」が開発できるだろうか。

バンティングは細菌戦争が演じるであろう役割について考えた。その戦争が実際に勃発した時、彼は国の科学的取り組みの指導者になるはずなのだ。

バンティングは考えた。

「天罰の時がいずれ訪れるだろうか」

一九三七年、バンティングは、「疑いなく、戦争における次の開発は敵を滅ぼす手段として伝染病の利用である」と述べた。

飛行機は市街の貯水池に腸チフス、コレラあるいは赤痢のような水中伝染病を落とすことができた。脊ずい膜炎のような空気伝染病を蔓延させることが可能かもしれない。そこにはペストのような昆虫伝染病という危険性があった。

ノミは人工飼育で莫大な数を生み出すことができた。ペスト菌に関してノミを飼育することで、それらは伝染したことになる。冷凍された飢餓状態のこれら感染した昆虫は、敵の軍隊あるいは一般市民の上に落下させることができた。それでペストの流行は確かな見込みで成果をあげるだろう。ペストの伝染についての二番目の方法は、感染したノミの住みかとなるネズミによるものである。

黄熱病とマラリアは蚊によって伝染させられる。蚊は冷却することで数か月間保存されて、研究室で育てられそして伝染させられる。眠り病のようなそんな病気は、熱帯医学専門家の管理でツェツェバエによって伝染する。そしてサンチョウバエで蔓延されるカラアザール病は、研究を通して医学戦争に使用できる。

戦争において、ウイルス病、例えばオウム病はほこりに吸着されて、ほこり爆弾の手段で敵の領土へ持ち込むことができた。

自動的空気冷却装置をつけた爆発物の発明によって、ガス壊疽、破傷風そして狂犬病のような細菌は、負わされた傷の危険状態を増すことができた。だからひっかき傷でさえも致命的になるであろう。同じ手段で蛇毒も用いられるかもしれない。

しかし、イギリスでは次のように結論づけた。

一九三七年、細菌を使って戦争を行うことは、その収穫物と家畜の病気に対してより注意を払う必要があり、なされるべき必要性はほとんどない。

君は、どう思うかい。

イギリスもドイツも戦争では細菌を用いない。しかし、バンティングは、ドイツが引き起こす細菌の脅威は深刻に取りあげる価値があるとイギリス人たちに話した。

一九四〇年の希望のもてない夏。毎晩ラジオはナチスの進軍、連合国側の撤退、オランダの崩壊、ベルギーのレオポルト三世によるダンケルク明け渡し、フランスの崩壊、イギリスの孤立、イギリス空中戦開始のことを伝えた。

アメリカ合衆国は、ドイツに敵対する大英帝国に与《くみ》する方向に傾いていた。アメリカが参戦する口実が必要だった。

バンティングの日誌。

この月はどんなことを生み出すのだろうか。ドイツによるイギリス侵略は？　毒ガス戦争は？　ヒトラーは何をするのだろうか。私はそのすべてに関係していたい。それでそれが起きる時、私はその真っ只中にいたい。

私はおよそ五〇年間、生きてきた。これら年月の毎日が行動で満たされてきた。仕事は生涯を通して私のモットーであり、私の魂の救済であった。くつろぎについて、それに休息について、私には全くなかったのでそれは言及の価値がないことである。

人の命を救おうと努力して生きている私、我々の軍勢は若者で溢れている。彼らの前には生きるための時間がある。私にとっては、生きながらえ、不平を言い、衰《おとろ》え、だから嫌われ、その上憎まれ、それにまた悪態をつかれ、それから責められ、それで私が死ぬ時に人々を喜ばせるよりは、若い人を救う誇りで死ぬことの方がずっと好ましい。ことごとくこのように人生は非常に自己本位の楽しいものなのか？　私は若者と老人とのどちらつかずにいるのだが。

人は時が急速に過ぎればいいのにと思う。いやな仕事がなされなければならない。だから時が過ぎ去るのが早ければ早いほどより良いのだが。時早く明日をもたらしてくれ、というのも明日は究極的な運命を握っている。命、すなわち体験。どこかですべてが終わる。どんなことが訪れようとも、私はそれを受け入れる。

インスリンの発見者が、冬の最中にロッキード・ハドソン爆撃機T－９４４９で海（大西洋）を飛んで何をしようとしているのか。

パイロットは、老紳士はかなり正気ではないと自覚していた。

彼は、大西洋を横断してみたかった。ただそれだけのことだった。

バンティングを乗せたロッキード・ハドソン爆撃機は、カナダのモントリオールを飛び立ち、五時間飛行して、カナダのニューファンドランド島に着陸した。そこで給油して、イギリスへ向けて飛び立ったが、機体の事故により墜落した。

真冬に大西洋を横断するという経験は事実上まだ全くなかった。

二月に北大西洋を飛行する最初のひと握りの人たちの一人になろうとしていた。

さあ、ここでバンティングの話は終わるのだが、バンティングは外科医であって、糖尿病を担う内科医ではない。犬を実験に用いて腹ばかりを切除した。外科医だからできたことである。癌の研究ではニワトリを数千羽手術している。これも外科医だからできること。

第二次世界大戦でバンティングは「細菌戦争」を唱える。
さて、君らはどう思ったか。

第二章

「死」はどんな人にも平等に

鄧小平と毛沢東

君は鄧小平《とうしょうへい》を知っているか。

一九五〇年代、神のような力を持った指導者、毛沢東《もうたくとう》。その毛沢東以降の中国の構造変革を主導した人物である。

一九七八年十月、鄧小平が日本を訪問した際、彼は日本から現代的な技術と経営管理を学ぶ道を切り開こうとしただけではなかった。彼は日中両国が平和裡に共存するための道筋をつけようとしていた。そして領土問題を本題から外し、両国がいかに相互理解を高めていくかという課題に照準を合わせた。日中関係が良好になれば、中国は巨額の国防費を投じる必要もなく、国民の生活向上に力を注ぐことができるため、結果として中国の国益に適うというのが彼の考えだった。

中国国内では、文化大革命で国民同士が攻撃し合って生じた分裂を克服するために精力を注いだ。

鄧小平の出生地は四川《しせん》省広安県。ゲリラ戦士として八年を過ごした山西省の太行《たいこう》山脈、一九四九年から五二年にかけて西南局を指導していた際に根拠地とした重慶《じゅうけい》と成都《せいと》、三〇年代初めに数年間暮らした江西省《こうせい》の瑞金《ずいきん》などに足跡を残している。

鄧小平は中国が危機的な状態にあることを強く認識していた。

一九六〇年代初めの大躍進では、三千万人以上の人間が死んだ。毛沢東の指示を受けて高位指導者たちを追い出すと、ほぼ十億の人口を抱える中国全体が大混乱に突入した。中国の人口の八割を占める農民一人あたりの平均収入は、米ドル換算で年間四〇ドルしかなかった。

失脚した年配の党指導者たちの跡を埋めたのは軍の指導者や造反派たちだったが、彼らには、そうした地位を担うだけの資質がなかった。軍は膨張して、文民の役職に居座った。交通と通信のインフラは無秩序状態にあった。規模の大きい工場は五〇年代にソ連から輸入した技術でなおも操業しており、設備は修繕が必要なまま放置されていた。

何人かの勇敢な指導者は、中国が直面している問題の真の原因は毛沢東だと言ってのけた。

だが鄧小平は、過去二十年間の責任を一人の人間のせいにすべきではないと考えていた。たしかに、毛沢東は多大な過ちを犯した。鄧小平の目から見れば、こうした過ちが出てくるのを許した不完全なシステムこそが大きな問題であった。中国の古いシステムの何が間違っており、どう直せばいいのかを考えた。

科学、技術、管理のシステムについて、中国の門戸を広く開放し、新しい考えを採用していくという考えを持っていた。問題は市場を開くだけでは解決せず、制度はゆっくりとしか整えられないのだ。

再建の間も秩序を保ち続けるため、一連の過程を管理できる組織は彼にとって共産党しかありえなかった。若い人々は海外で訓練を受け、最良のアイデアと最先端の科学技術を、どこからでもいいから持って帰らなければならなかった。

一九五八年、毛沢東がやったように、非現実的な期待を高めさせてはいけなかった。鄧は前代未聞の難題に直面していた。その頃、他の社会主義国で、経済システムを改革し、持続的な高度成長の実現に成功した国はなかった。無秩序状態にあって十億の人口を抱える中国の成功など、まして考えられなかった。

一九七八年、鄧小平は七十四歳になっていた。鄧は、フランスで工場の仕事につき、ついでソ連で一年間働き、毛沢東よりもずっとよく世界の動きを理解し、より広い視野から中国をとらえることができた。

一九二七年に帰国して、六歳年上の周恩来《しゅうおんらい》が率いる小さな中国共産党支部の周りで雑用をして過ごした。実際は周恩来に弟子入りしていたようなものだった。

一九六二年から一九六六年にかけて、権力の中枢の北京で毛沢東と一緒に働いた。毛沢東は鄧を自分の潜在的後継者の一人とみなしており、鄧は、まず政治局会議に、そして五六年から中国で最も序列の高い他の五人の指導者と並んでその常務委員会に参加するようになった。大躍進政策が失敗すると、鄧は五七年から六一年にかけて、社会主義構造の調整を指導するうえで重要な役割を果たして、つまり鄧は一九七八年までに半世紀にわたり中国の最高指導者を見てきたことになる。

鄧小平は、一九六六年の文化大革命で失脚する。批判運動の標的にされた。しかし、鄧は一九七六年までの間、中国革命の実力者であった。毛沢東との特別な関係から恩恵を受けて、投獄されることはなかった。神のような毛沢東を疑うことは死を意味した。

毛沢東は、カリスマ的な夢想家、卓越した戦略家で、利口ながら腹黒い、やり手政治家であった。一九四九年には国内を統一し、中華人民共和国とした。

毛は、ソ連の助けを借りて現代産業の導入を開始した。しかし毛が計画した文化大革命は大失敗で、二七年にわたる統治の間に、資本家、地主、知識人、そして自分に仕えていた多くの高位指導者を破滅に追いやった。中国は未だ貧困から抜け出せずにいた。

清朝の科挙試験は小平が生まれた翌年に廃止されていた。父親は、息子のために海外に出て教育と訓練を受ける機会を探し求めていた。

第一次世界大戦中、多くの若者が戦争に出てしまったため、フランスでは工場労働者がまったく不足し、十五万人の中国人労働者が雇用され、フランスで働くことになった。フランスは当時、中国では文化水準の高さで知られ、中国人学生の留学先として人気を集めていた。重慶には留学準備のため一年間の予科校が設立されていた。

一九二〇年、十六歳だった鄧小平は、予科校を卒業し、フランスへ旅立った。この年には八四名の学生がいたが、鄧小平は最年少であった。フランスで、鄧はノルマンディーのバイユー中学校に送られた。

一九一九年から一九二一年までの間に、中国とフランスの指導者たちの共同の段取りで、千六百人ほどの中国の学生労働者がフランスにたどり着いた。

中国人の学生労働者たちは単純労働の仕事を探し回り、工場労働者として厳しい労働条件で長時間働き、消耗した。その間彼らは、フランスの裕福な商人の家族が、鄧小平が中国で見たこともないような豊かな生活を享受しているのを目撃した。世界はこれほどまでに不公平なのかと思う。

鄧がフランスにいた一九二一年、初めて中国共産党が設立される。百人にも達しない組織で、周恩来が総書記に就任した。鄧はフランスでの五年間で、西側世界とマルクス主義、労働者の世界、党としての組織的な活動、中国の地位、社会や地域の多様性、そして世界における自分の位置づけを学んだ。

一九二六年、鄧はモスクワにいた。モスクワの中山大学で一年間、蒋介石《しょうかいせき》の息子の蒋経国《しょうけいこく》と一緒に学んだ。その時のソ連ではまだ社会主義体制ができきっておらず、新経済政策（NEP）が実施されていた。

一九二七年四月、中国で国民党内部で共産主義者と国民党右派が分裂する。ちっぽけな集まりにすぎない共産党よりも国民党の兵力がはるかに強かった。

国民党の指導者、蒋介石は日本で訓練を受けた青年将校で、共産党員をあちこちで虐殺していた。

一九二八年、鄧は上海へ帰国する。

蒋介石は、中国統一のために「北伐《ほくばつ》」（一九二六年七月香港に近い広州《こうしゅう》で開始される）を進め、広西《こうせい》の強力な軍閥もこれに参加していた。

共産主義者たちは、雲南《うんなん》省との省境に近い広西西部の百色と龍州の町の制圧に成功する。この活躍は、共産主義者の武装蜂起としてたたえられた。江西《こうせい》で鄧は、毛沢東を高く称賛するようになる。毛は少数の支援者とともに、軍閥の手を逃れるため故郷の湖南《こなん》から東へ逃げ、山岳地帯を超えて隣の江西省にやって来た。毛は広西で共産党根拠地の構築に成功する。毛沢東と同じく、鄧小平は共産党が敵に対抗できるくらいに力を蓄えるまで、農村に根拠地を築いていくべきだと考えていた。

蔣介石は共産党の脅威を強く懸念するようになる。国民党は共産党の根拠地を包囲し、殲滅《せんめつ》しようとする。この時の逃走によって、共産党は有名な「長征《ちょうせい》」に乗り出すことになった。一九三四年、毛沢東は端金を脱出し一二五〇キロを移動し、大雪山を越えて後に延《えん》安《あん》に拠点を構えた。陝西《せんせい》省北部に新しい根拠地を構築するまで、共産党員たちは一万キロに近い荒々しい道のりを一年余かけて踏破《とうは》した。この行動は逃げ惑う彼らをみじめに打ちのめした。約八万六千人の兵力で始まった長征は、途中で多くの死者を出し、逃亡者も相次いだため、陝西省に到着した時には一万人以下に減っていた。

一九三五年十月、彼らはようやくそこにたどり着き、現地にいた少数の共産主義者たちに迎えられた。長征が始まって数週間後、一九三五年一月、貴州《きしゅう》省の遵義《じゅんぎ》で決定的な会議が開かれた。毛沢東に軍隊を指揮する権限が与えられ、彼が中国共産党の最高指導者に就任する端緒が開かれたのである。共産党が西北部で根拠地を構築しようとした段階では、国民党に代わって、侵略者の日本が彼らの主たる敵となる。

一九三六年十二月、軍閥の張学良《ちょうがくりょう》率いる軍隊が西安《せいあん》で蔣介石将軍を幽閉したことで、共産党にとっての好機が到来した。蔣は再び国民党との合作を行い、日本軍と戦うという条件を呑まなければならなかった。蔣の軍隊からの圧力がなくなったため、共産党は新たな合意の機会を活用し、一九三七年一月に陝西省北部の延安《えんあん》により大きい新たな根拠地を構築した。中国を占領していたのはもはや日本軍であった。

一九四五年、戦争に敗れて日本軍がいなくなると、再び国民党との内戦となった。

毛は中国の農村地帯に共産党の根拠地を構築して早くから成果を上げたが、鄧は同じことで失敗した。鄧は、毛を深く尊敬していた。第二次世界大戦が終わる頃、鄧小平は山西《さんせい》、河北《かほく》、山東《さんとん》、河南《かなん》の四省にまたがる数百万の人口を抱える広い地域で、まさに最高位の共産党幹部となった。

国民党と共産党との内戦が勃発して一年余りの一九四九年六月、鄧は趙紫陽《ちょうしよう》と万里《ばんり》と共に軍を率いて、中国中央部の大別山脈に進軍した。これを命じた毛沢東の直接的な動機は、陝西の共産党の本部を脅かしていた国民党の軍隊を西北部から切り離すことだった。ただし毛はその先に、中国の歴史上、対抗し合う軍事力同士がたいてい最後に決戦を交えた中原の端に、自分の根拠地を構築することを考えていた。

鄧軍と劉少奇《りゅうしょうき》の軍は寒さに耐え飢えに苦しんだ。中原では敵軍が強い力を誇っていたため負傷者が多数出た。この戦いは後《のち》に、淮海《わいかい》戦役と言われ、一九四八年十一月から一九五〇年一月までに国民党の側で六十万人、共産党の側で五十万人が戦い、軍事史上、最も大きな戦役の一つとなった。

共産党は食糧やその他の必需品を軍に運ぶため、百万人以上の農民を新たに動員した。このことにより、貧しい農民たちは、共産党が勝利すれば自分の家族が土地を分けてもらえると期待し始めていた。毛沢東は、兵士の少なさと装備の不足という二つの障害を乗り越えて国共内戦に勝利する。

共産党は一九四七年に東北地区を掌握したが、一九四九年に全国を支配するまでに二年以上を要した。毛沢東は通常、その地区の出身者を指導者として選んだ。劉伯承《りゅうはくしょう》は西南地区四川《しせん》出身である。鄧小平も西南地区四川出身で、二人は同じ出身地である。鄧は毛沢東より西南局の第一書記に任命された。

鄧は、地主階級を一掃して小作農たちが自分で土地を使えるようにするため努力した。地主を攻撃し、所有地が特に大きかった何人かを死刑にした。

四川省の小作農たちは、鄧を支持した。鄧は西南地区の発展のために、重慶《じゅうけい》と成都《せいと》を結ぶ鉄道の建設を始めた。そして三年後の一九五二年に完工式が開かれた。

一九五二年、各地区の指導者たちが国家全体を統治するため中央政府に配置換えされた。そして、第一次五か年計画の策定について話し合い、「社会主義化」の計画を進めていくために北京で会議した。社会主義化とは、個々の農民たちを人民公社に組織化し、中小企業を集団化し、大企業を国有化することであった。この時中国はまだとても貧しかった。

毛沢東が政治指導者であり、その下に周恩来《しゅうおんらい》総理がいた。鄧は政府の副総理に就任した。社会主義初級段階が到来し、五か年計画が導入される、資本家と地主階級はいなくなり、階級闘争は終了した。

一九五六年の党大会において、鄧は、毛沢東、劉少奇《りゅうしょうき》、周恩来、朱徳《しゅとく》、陳雲《ちんうん》、につぐ六番目の役職（総書記）についた。

一九五七年十一月、鄧小平は毛沢東に付き添ってモスクワに向かった。モスクワでの会議の終盤、毛は鄧を指差し、こう言った。

「あの小さな男が見えるか？　あいつはとても賢い。将来、大した人間になるだろう」

毛沢東は共産党を激しく批判したすべての人間に対し「反右派闘争」を開始した。反右派闘争は、中国で科学技術について最も優れた頭脳を持つ多くの人々を破滅に追い込んだ。

毛沢東は大躍進計画を進める。

大躍進の過ちは中国全土に荒廃をもたらした。しかし、毛に忠実な者たちの多くは黙り込んだ。

多くの場所で飢餓が発生した。農民たちは汚い食堂が併設された大規模な人民公社に組織化された農場やいい加減に計画された大規模建設プロジェクトに動員された。彼らは仕事をしなくても、仕事をした人間と同じように食べていけるということを知り、働く気を失った。収穫は一気に落ち込み、汚れた食堂の多くから食べ物が消えた。

環境の悪化も大きな問題となった。鉄鉱石もないのに、全国各地で「土法高炉」（小規模溶鉱炉）の設置が奨励《しょうれい》され、森の木はまきにするため切り倒され、質の悪い鉄を生産するため人間が酷使された。規模の大きな新しい建設プロジェクトが次々にでき、そのせいでセメントの供給が逼迫《ひっぱく》し、よりまともに計画されたプロジェクトに回せなくなった。非現実的な穀物生産目標を達成するよう圧力を受けた各地の党書記たちは、上部機関への穀物上納目標を達成するために、現地の人々が食糧不足で飢えていても地元の倉庫から穀物を拠出《きょしゅつ》した。このため飢餓による死者は、千七百万人にもなった。

一九五九年まで毛沢東の大躍進計画は遂行された。しかし、ユートピアを建設するための実験は破滅的な結果をもたらした。

一九六五年二月、毛は自分の革命的な見方を完全に支持していない党の幹部に批判運動を展開するため、妻の江青《こうせい》を送り出し、一九六六年五月「資本主義の道を歩む実権派」たちを攻撃するために文化大革命を始めた。毛沢東は大多数上級幹部を指導的な地位から追放し、彼らを農村での肉体労働や再教育に送り出すことに成功した。

一九六二年劉少奇が大躍進の失敗を批判する。党の副首席であった劉は河南省《かなん》で軟禁され、必要な治療も受けられず牢獄で死ぬ。

一九六七年、毛沢東は鄧小平とその妻を、中南海（党の最高指導者たちが暮らしている区域）にある彼らの自宅に軟禁した。

一九六八年十月党大会で鄧を共産党から追放するように求められたが、毛沢東はそれを拒否し、極左派から彼を守った。

一九六九年十月二十六日、鄧小平は妻の卓琳《たくりん》と継母の夏伯根《かはくこん》とともに、鄧が肉体労働に従事しながら毛沢東の再教育を受けるために江西《こうせい》省の南昌《なんしょう》へ連れて行かれた。鄧は極左派による攻撃から身の安全を確保される必要があった。周恩来は鄧の家族を軍の宿舎に住まわせた。

北京ではいったん疑いをかけられた者は、予想のつかない次の、そして潜在的に破壊的な攻撃から、自分の身をどうやって守るかばかりを考えなければならなかった。毛沢東は個人としても指導者としても非常に強引だった。計り知れない功績もあれば、よき同志たちを無慈悲に破滅に追い込んだこともあり、巧妙に策略を駆使した。毛の政策は国家を荒廃させた。紅衛兵をけしかけて、鄧を中国の第二の敵として非難し、鄧の家族全体を攻撃した。

しかし、鄧を江西へ送る時点で、毛沢東はすでに七十五歳になっており、病気がちだった。彼が永遠に生き続けるわけがない。毛があの世に旅立った後、その名声をどう取り扱い、どのような方向に前進していくのか、熟考しなければならない時が来る。鄧小平は六十五歳だった。

鄧小平が江西に到着した時、労働者は、ラジオを買える金なんて誰も持っていないと答えた。社会主義建設から二十年も経って、労働者の家庭がラジオの一つも持てないことを知った。

一九七一年、毛沢東は最も有望な後継候補の一人林彪元帥《りんぴょうげんすい》を疑うようになった。毛は自分の生きているうちに権力を奪おうと企んでいるのではないかと疑念を持ち始めた。

一九七一年九月、毛沢東は列車で杭州《こうしゅう》から北京に帰ろうとした時、列車が上海《しゃんはい》で止まった。王洪文《おうこうぶん》と許世友《きょせいゆう》が同乗した。そこで話し合われたのが林彪の暗殺。

林彪の息子林立果《りんりつか》が安全に関する情報を入手する。そして林彪と息子と妻と仲間数人は、ソ連へ向かうために、パイロットを雇いその日の夕方飛び立った。しかし機体は目的地に到着する前にモンゴルで墜落した。

中央委員会が林彪の罪状に関して出した文書が読み上げられたのは二か月後であった。

一九七二年、毛沢東は七十八歳になった。鄧小平の復帰はまだ許されておらず、林彪亡き後のチームを準備するにはほど遠い状態だった。毛沢東は自分のペースで林彪の追放計画を進めた。飛行機はあまりにも突然墜落した。今日まで、謎に包まれたままの死を遂げ、権力を狙った裏切り者として突然放り出されたのである。一般庶民でさえも毛の決定に疑いの目を向けざるをえなかった。

毛は病床に伏《ふ》して激しく落ち込み、二か月にわたって床を離れることができなかった。一九七二年二月十二日には卒倒《そっとう》した。肺に抱えていた問題が心臓にも影響をおよぼすようになっていたのだ。咳がひどく、睡眠も難しくなったため、毛はソファで寝るようになった。多くの幹部たちは、彼が引き起こした大惨事を嘆いた。しかし彼らでさえも、毛沢東の取り巻きの力が非常に強いため、もし毛沢東が直接攻撃されるようなことになれば中国がさらにひどい混乱へと突入してしまうと懸念した。

この時点で、共産党と政府を制御できる実権を持ち、しかも毛沢東の権力を脅かさない慎重な態度を一貫して保ち続けてきた人物は、現実的に周恩来一人であった。林彪は死に、その仲間だった陳伯達《ちんはくたつ》は投獄され、康生《こうせい》は癌で亡くなり、残っているのは毛と周恩来のみであった。

毛沢東の猜疑心と怒りは、劉少奇と林彪という二人のナンバー2を死に追いやった。周はこの時まで何とかナンバー3にとどまり、毛の標的になるのを避け続けていた。とうとう彼もナンバー2に引き出されてしまい、いずれ毛の標的になるのを察知したのではないか、と思われた。

一九七三年、名誉回復すべき老幹部四百人のリストが周恩来から共産党組織部に提出され、毛沢東は復帰することを認めた。

周恩来は一九七三年五月、膀胱癌と診断された。

一九七三年、鄧小平は北京にいた。毛沢東は周に政治局会議を開かせ、鄧小平の今後の処遇を議論させた。文化大革命小組のメンバーたちや周総理の後継者決定レースで潜在的なライバルとなる張春橋《ちょうしゅんきょう》、それに彼を支持する江青《こうせい》は、鄧に重要な地位が割り振られることに強く反対した。その結果、鄧は、周恩来の副組長である李先念《りせんねん》の指導の下で政府一般の機能維持にあたっていた業務組に配属された。

一九七三年、周は毛沢東に対して鄧を重要なポストにつけても仕事ができると報告した。その夜、毛は周に政治局会議を開くように命じた。会議において鄧を副総理に任じることが討議され、毛沢東もこれを承認した。

周には政府の活動と対外関係を統括するたぐい稀なスキルと並外れた記憶力があった。彼は当時、最も欠かすことのできない人材であったし、特に中国にとって重要性が増していたアメリカやその他の西側諸国との関係を担えるのは彼だけだった。高位指導者の間では毛が周を嫌っていることはよく知られていたが、毛には周が必要だった。

一九七三年八月、党大会が開かれる。毛は健康不良のため欠席する。毛は、上海革命委員副主任の王洪文《おうこうぶん》を、三十八歳でまだ若く経験の浅い造反派指導者を、一躍指導層へ昇進させた。党大会は、張春橋《ちょうしゅんきょう》と姚文元《ようぶんげん》という江青《こうせい》の二人の支持者が指揮した。

新しい政治局員二十一人の中には王洪文、張、江青、姚の極左派四名がいた。毛自身が認めるように、「彼らの知的レベルは少し低かった」が、彼らは継続革命を好む極左派を支持してくれると思われた。鄧にとって周は、フランスでも上海の地下活動でもずっと兄のような存在であった。

毛沢東は政治局会議を招集し、鄧小平を政治局と中央軍事委員会の正式なメンバーに任じてはどうかと提案した。毛がこのような人事を、中央委員会の全体会議を通さずに性急に進めたのは初めてのことだった。周恩来は公式には総理の地位にとどまったが、鄧は自分だけで外国の幹部たちとの会見に臨むようになった。

一九七四年五月、周は体力的に飛行機に乗って国連で中国の代表を務めることができなくなり、鄧が代わりをつとめた。

一九七四年六月、周恩来は癌で入院する。この時、鄧小平は七十歳になっていた。

一九七四年七月、政治局会議で、毛沢東は、妻江青に王洪文と張春橋と姚文元とで「四人組」を組んではならないと警告した。

「四人組」の呼び名は、彼らが危険だという考えとセットになって広まった。江青は周や老幹部たちへの攻撃を続けたが、それと同時に彼女や他の三人も、逆に四人組を批判する知識人や老幹部の標的にされた。ただし、四人組にこうした攻撃を仕掛けさせ毛沢東主席に反抗することは、まだできなかった。大胆な人たちは、完全に心を許した友人との私的な会話の時だけ、四本の指を立てたうえでさらに親指をひくひく動かし、四人組は五人目、つまり毛沢東がいると示唆し合っていた。

周恩来は、一九七六年一月に死去するまでのほとんどの時間を病院で過ごした。

鄧小平は毛沢東が自分と江青の協力を望んでいることを知っており、そうしようと努力した。

一九七四年春、毛沢東は鄧小平を国連総会第六回特別会議の中国代表に任命する。

一九七五年、毛は八十一歳になった。毛は年をとり、弱々しくなっていたが、国家全体を動かす権力はまだ手中に収めていた。

毛沢東にとって、王洪文と鄧小平のチームは有望なコンビだった。王は毛から十分な恩恵を受けた元造反派の指導者で、独立した権力基盤を持たず、毛の革命路線に沿って中共を率い、毛個人の功績に対して大きな敬意を払い続けてくれることが確実だった。他方、鄧は幅広い知識と経験、そして折り紙付きの指導力で対外関係や複雑な政府の任務を率いてくれると思われた。

一九七五年、鄧小平は鉄道の重要性を演説した。

「革命を行うためには、生産や他の任務を進め、戦時への備えを進めることが必要で、もし戦争が起きれば輸送は死活的問題になるが、現在のシステムは適切に機能していないではないか、文化大革命中、指導者たちは経済に関心を払いすぎていると攻撃されたが、それが繰り返されることに対する指導者たちの不安を取り除くため、今日、何人かの同志たちは、革命を行うことばかりに関心を向け、生産を促進させようとしていない。その人たちは前者は安心だが、後者は危険だという。これは完全に間違っている。我々はどうすれば経済を軌道に乗せることができるか？　分析によれば、現在の弱点は鉄道にあるのだ」

鄧は、鉄道を文民の整頓のモデルとした。

一九七五年、毛沢東は、「私は政治には何も言わない。鄧小平に任せたい。彼は戦争ができるし、修正主義への反対もできる。紅衛兵が彼を攻撃したが、今はもう何の問題もない。あの当時、彼は何年か打倒されたものの、今では元に戻った。我々には彼が必要だ」と述べた。

一九七五年五月、毛沢東は会議で言明した。

「『四人組』のように振る舞うな。なぜそうした行動をとるのだ？　なぜ二百人以上もいる中央委員会のメンバーたちと団結しようとしないのだ？　江青、お前に必要なのは、分裂ではなく団結だ。こそこそと策略を練るのではなく、公明正大にやれ。意見があるのなら政治局で議論しろ。なにか発表するなら、自分の個人名ではなく、党中央の名前を使うべきだ。私の名前を使うな」

そして鄧小平を指差し、毛はこう言った。

「毛沢東を代表しているのは、お前だ」

政治局会議において、毛が参加したのは、この時が最後であった。

一九七五年、毛沢東が、王洪文《おうこうぶん》に替えて鄧小平に党内の会議を取り仕切らせた時、中国共産党はまだ、文化大革命の闘争がもたらした無秩序状態にあった。

毛沢東が最後の政治局会議を取り仕切った直後、一九七五年六月、鄧小平は病院へ周恩来を訪ねた。周は、末期癌のためやつれて青ざめていた。

一九七五年七月、毛沢東は目の手術を受ける。毛沢東はそれまで読めなかった文書が読めるようになった。

鄧は、毛沢東の甥、毛遠新《もうえんしん》に対して、次のように述べた。

「私が中央委員会の仕事を率いるようになってから、過去三か月間、どういう路線に基づいて仕事をしてきたか、全国各地の状況が多少よくなったか悪くなったか、実際の結果を見れば、評価は明らかなはずだ」

毛遠新は伯父に、「鄧は文化大革命を批判した」と伝えた。毛沢東は「すぐに八人会議を開け」と甥に命じた。呼ばれたのは、鄧、遠新、汪東興《おうとうこう》、陳錫聯《ちんしゃくれん》、と王洪文、張春橋、姚文元、それに妻、江青、そして文化大革命の間に経済と政治の仕事を率いてきた李先念《りせんねん》、紀登奎《きとうけい》、華国鋒《かこくほう》三人の副総理だった。毛は、「多少けんかになっても構わない。次の段階は政治局の会議だ」と述べた。毛は「文化大革命は九割方正しかった」と言い、それを認めなければならず、「もし政治局会議が一回で問題を解決できなければ、二度目、三度目の会議を開いてもよい」としたのであった。

翌日の十一月四日、八人会議が開かれた。鄧は、はっきりと回答をするのを避けた。毛遠新は、毛沢東に、鄧はあいかわらず頑固だと報告した。

毛沢東の次の戦略は、参加者の数を徐々に増やし、鄧小平が文化大革命への支持を表明するまで圧力を増していくことだった。

中国科学院の整理整頓作業を指揮する者として鄧は胡耀邦《こようほう》を選んだ。文化大革命によって農村へ送られた多くの科学者は、まだ戻ってきていなかった。世界の科学水準に追いつき追い抜くことを目標に据えた。中国が科学技術面では他国から非常に後れてしまったため、現在のレベルを謙虚に見つめる必要があると強調した。それは中国の科学を復活したいという彼の情熱を示していた。

真に優秀な少数の科学者たちは、たとえ変わった個性の持ち主であっても支援していかなければならない。彼らの日常生活で、住宅やその他の問題を解決していくことが大切である。子供たちをよい幼稚園に入れ、その配偶者がまだ農村にいるのならば北京に呼び戻してやらなければならない。また、中国の科学者たちは、海外の論文を読むために外国語を学ぶべきだとした。彼らは加えて科学理論も学ばなければならず、もし数学、物理、化学が理解できないなら、学位に関係なく、科学研究は遂行できないと述べた。

鄧は、「専門家」という言葉を使うことすら怖がっている人間がいる。と不満を述べた。中国は工場にオートメーション設備を導入すべきだし、それを可能にする才能ある科学者たちを支援すべきである。科学者たちも労働者階級のメンバーだ、と説いた。

科学分野にいる四万五千人の幹部をすげ替えるよう提案する者もいるが、五千人を替えれば十分である。鍵になるのは指導チームだ。専門知識がなく、なにかを達成しようともしない人間を、どうして特定の地位にとどめておく必要があるのだ。なぜ中国は高度な知識を持った人々を研究機構のトップに据えないのだ？　多大な困難に挑んでいくには、文化革命以前に訓練を受けた四〇代はじめ、あるいはそれより年配の科学者や指導者の力が発揮できるかどうかが鍵だ。

これに対して、毛沢東は鄧のいう、「科学技術は生産力だ」が間違っているとし、胡耀《こよう》邦《ほう》に死刑を宣告した。

一九七六年一月八日、周恩来が死去した。

一九七五年から一九七六年の一年間で三人の長老が死去した。

一九七五年十二月、腕利きの内部スパイで何百人の人々を革命の裏切り者として殺害する汚い仕事を毛沢東のために行った康生《こうせい》。一九七六年一月に周恩来総理。一九七六年七月には、紅軍の創設者で初期の軍事指導者だった朱徳《しゅとく》が死んだ。

周恩来の弔辞を読むのに、ふさわしい人物として、張春橋《ちょうしゅんきょう》は葉剣英《ようけんえい》元帥がふさわしいと提案した。しかし鄧小平は自分が、ふさわしいと拒否した。

毛は、鄧小平に読ませることを承認するが、政治局が正式に用意した弔辞を鄧に読ませるという条件つきであった。

三人の副総理、すなわち華国鋒《かこくほう》、紀登奎《きとうけい》、陳錫聯《ちんしゃくれん》の中で、国務院の仕事を処理するためこの中から誰かリーダーを決める必要があった。毛沢東は、華国鋒を先頭に立たせ、ただちに党の日常業務を取りまとめさせよと命じた。

華国鋒は外国人にとって、まだ中国の一般大衆にとってさえも新顔だった。しかし毛沢東は過去二十年間、彼のことを知っていた。華は一九五五年、毛の故郷の湖南省《こなん》湘標《しょうひょう》で県の党書記を務めていた時、初めて毛沢東の面識を得た。華は当時、毛の急速な農業集団化を強力に支持しており、毛は彼によい印象を抱いた。毛が華を認識してから二十年以上の間、華はすべての政治運動で毛を堅く支持し、それぞれの政治運動が一つ終わるごとに昇進を重ねた。毛にとって華はたのもしい支持者であった。

毛沢東が毛遠新《もうえんしん》に対し、華国鋒に党の取りまとめをまかせると告げた同じ日、江青と張《ちょう》春橋《しゅんきょう》は清家大学と北京大学で党委員会を開き、鄧小平を批判した。

一九七五年毛沢東は正式に華に党中央の日常業務の責任を担わせるとした。そして、鄧小平は辞表を提出した。党中央は全国の上級党員に対して、政治局が全員一致で華を総理代行に任命したと通知した。鄧は辞表を提出した後、一九七七年夏までは仕事に戻らなかった。

毛沢東は、華国鋒が鄧小平や周恩来のような傑出《けっしゅつ》した指導者ではないことを知っていたが、年齢や経験の面で彼以上に自分の要求を満たす適任者はいなかった。毛は少なくともこの時点では鄧をあきらめた。

華は、敵もおらず、徒党を組むこともなかった。

華国鋒の当初の任務の一つは、多くの老幹部を呼び戻そうとする鄧の取り組みを批判して、「右派巻き返し」に反対する運動を率いていくことであった。

鄧小平や彼の仲間たちへの急激な逆風を生んだ政治情勢の中で、心身を病んだのは、張《ちょう》愛萍《あいへい》将軍だけではなかった。鄧と親しい仲間、みんなが攻撃の標的となった。

毛は鄧が言う、「白猫黒猫論」（ネズミを捕まえさえすれば、白猫でも黒猫でも構わない）について批判した。これは帝国主義とマルクス＝レーニン主義の間に線引きをしておらず、彼のブルジョア的思想が反映されているというのである。張春橋《ちょうしゅんきょう》もこれに同調し、鄧は独占資本階級の代表であり、国内では修正主義、外国に対しては投降主義を行っていると述べた。毛沢東は鄧小平を完全に権力の座から追放した。

一九七六年四月、北京大学で、大規模な全学大会が行われた。この大会では、代表たちは鄧小平を非難し、華への支持を表明した。毛は、華を自分の後継者に選んだのである。

一九七六年四月七日、毛沢東は、心臓発作を起こす。毛は病床ではあるが、なお権力を握っていた。

一九七六年五月、葉剣英元帥《ようけんえいげんすい》が厚い信頼を寄せる友人、王震《おうしん》将軍が、西山の軍隊の敷地にある葉元帥の自宅を訪れた。そこで王震は、四人組にどのように対応していくべきかと問題を投げかけた。多くの人は本当は、四人組が毛沢東主席の率いる五人組であることを知っていたが、あえて口に出そうとはしなかった。実際、王震が葉元帥に注意深く四人組への見方を尋ねた際、葉は盗聴の可能性を考慮し、右手の四本の指を開き、残った親指を手のひらに閉じこんで見せ、毛沢東が死ぬまでは待つべきだとほのめかした。

一九七六年五月十一日、毛沢東は再び心臓発作をおこす。この時意識は失わなかったが、その後、かなり衰弱した。

一九七六年五月、華国鋒が総理と党第一副主席に任命されてほどなくの華の評価は次のようであった。華は聡明で個性がなく、その特徴を挙げるとすれば注意深さである。彼は書類を上手にとりまとめることはできるが、卓越した知性やカリスマ性の放つ生気はまったく感じられなかった。華は賢く、善良な役人だったが、総合的な能力や指導者としての素質の面では劣っていた。しかし華はまた、現代的な技術を学ぶための視察団を次から次に海外へと送り出した。海外の直接投資を招き入れるための実験台として、中国で経済特区を始めた。

一九七六年九月八日、毛沢東は、三度目になる心臓発作を起こす。九日の午前零時一〇分、彼は亡くなった。

毛が二七年もの間、党、軍、政府の最高の地位を支配し続けたことで、人々は彼に異を唱えにくくなったが、毛の権力の核心はなお個人的なものであった。彼が権威を持っていたのは、彼が公式な地位に就いていたからではない。それは彼が、規律正しい党と統制されたメディアの力を借りながら、中国革命を軍事的な勝利に導き、権力を巧みに行使し、壮大なビジョンを提示し、また、人々の心に希望と畏敬《いけい》の念を生じさせることなどに並外れた成功を収めたからであった。

鄧小平は一九〇四年八月二十二日、四川《しせん》省の客家の裕福な家庭に生まれた。一九二〇年、十六歳でパリ留学。「勤工倹学《けんがく》」とは言え、低賃金の外国人労働者であった。

モスクワを経て二七年に帰国、江西ソビエト地区瑞金《ずいきん》で書記となるが、中国共産党の主流であるソ連留学組から毛沢東派とみなされ、失脚した。三五年、周恩来の助力で復活した。

中華人民共和国成立後の五六年、序列六位の政治局常務委員となり、五七年には総書記として犠牲《ぎせい》者五五万人といわれる「反右派闘争」を主導した。

その後、毛沢東の「人民公社」「大躍進」政策によって破壊された経済と食糧供給の再建に劉少奇国家主席とともに取り組んだ。しかしこのことを毛沢東に憎まれ、六七年に失脚する。江西省南昌で強制労働させられた。一方、劉少奇は殺される。

七三年、満六十八歳で国務院副総理として再起する。七六年、周恩来が没して鄧小平は失脚する。

七六年九月、毛沢東は死ぬ。七七年、鄧小平は復帰する。

七八年、鄧小平は日本を訪問する。新幹線に乗車して、「何という速さだ、まるで風に乗っているようだ」と感想を漏らす。

七九年、「経済特区」を深圳《しんせん》など四地域に増やす。

鄧小平は「先富起来」（豊かになれるものが先んじて豊かになれば、やがて他のものも引き上げられるという考え）を進めた。これは毛沢東の「等しからざるを憂う」「全員が等しく貧しく」の均霑《きんてん》思想の完全な否定であった。

八九年、天安門「六・四」事件では、「実弾を用いて、鎮圧せよ」とし、武力弾圧を指示した。

鄧小平は、「自由経済」の人であったが、「自由」の人ではなかった。

文革の混乱から中国を救い、中国を豊かにした鄧小平は３０１病院に入院し、一九九七年二月十九日、肺感染症により死去した。九十二歳であった。それは、眠るような死であった。

鄧小平は、天安門「六・四」事件で、数千人を銃殺したが、それは共産党の一党独裁は、譲ることができないことを国民に示唆することでもあった。

さて、君はどう思ったか。

毛沢東と蔣介石との戦い。毛沢東と鄧小平。一千万人を越える餓死者。

ルーズベルト

第二次世界大戦で亡くなった米国人四十万五千人。ソビエト人二千七百万人。

フランクリン・デラノ・ルーズベルト（一八八八年―一九四五年）を君は知っていると思うけど、彼はイギリスのチャーチルよりもスターリンを信用していたことは知っているだろうか。チャーチルは戦争が終われば、イギリスの植民地が増える、と考えていたからです。

彼は大統領専用ヨット（全長五〇メートル）に乗って、ヴァージニア州クアンティコの海軍基地からイランのテヘランへ向かいました。そこで、ソ連の最高指導者で神を棄てた男、ヨシフ・スターリンとの会談に臨みました。

ルーズベルトは三十九歳の時にポリオ（小児マヒ）に罹り、両足が利かなくなっていました。この大統領専用ヨットはポトマックという愛称がついていました。

テヘラン会談は国際連合を設立するためのものです。

スターリンはグルジア人で、ロシア帝国の南端で貧しいアルコール依存症の父親の子として生まれました。母親が息子の能力を知り、聖職者を説得して教会学校に入れたのです。スターリンは謀反人になり、名前をジュガンシヴィリからスターリン（鋼鉄の人）に改めました。レーニンの目にとまり、やがてその後継者になりました。

ルーズベルトは一九二九年にニューヨーク州知事として、大恐慌で失業した数百万人を対象とした失業対策プログラムを立ち上げました。ルーズベルトの「目と耳」と呼ばれた人がいました。ハリー・ホプキンスです。ハリー・ホプキンスについて、「嘆かわしいほどだらしない。彼の服はまるで着たまま就寝する習慣があるかのように見えた。そして帽子は、彼がいつもその上に座ることを習慣にしているかのようだった」とウィンストン・チャーチルは述べています。チャーチルは一九四〇年五月十日にイギリスの首相になっていました。

ルーズベルトの頭の中では、英国も、他の二つの同盟国、中国とソ連と同等だった。しかしチャーチルが望んだのは、本質的には大統領と自分を同じ側にして、スターリンとの間に壁をつくることであった。

ルーズベルトは第三二代米国大統領で一九四三年には六十一歳になっていました。

スターリンはクレムリンから約一〇キロのクンツェヴォの別荘よりも先に旅することは滅多になかった。ただ、ソチの別荘だけは例外だった。

黒海の端の雪を頂くコーカサス山脈のふもとにある硫黄泉があるソチの別荘。彼は心気症だったのです。そしてさまざまな時期に乾癬《かんせん》（慢性皮膚《ひふ》病）、扁桃炎にもかかっており、時折、腎炎、胸膜炎、ぜんそくに苦しんだ。

スターリンはヴャチェスラフ・モロトフを頼りにした。モロトフはスターリンと同じく、背は低く、一六〇センチほどしかなかった。モロトフは革命が始まり、市政が崩壊へと向かう情勢の十年も前から革命家であり、その時はまだ十代であった。スターリンと同じ回数、ツァーリの秘密警察「オフラナ」に逮捕されていた。そしてモロトフは吃音だった。

一九四三年、戦争の流れは連合国側に有利に変化した。

一九四三年六月十一日、スターリンはルーズベルトに手紙を書いた。西ヨーロッパ上陸作戦を一九四五年春まで延期する決定をしたことについての反対意見もあった。「この決定はソビエト連邦にとって特別の困難を生み出す」と。このことについては、彼は答えなかった。しかしルーズベルトは一九四三年中にソ連がのどから手が出るほど欲しがっていた、戦闘機六百機を、スターリンへ送るように命じた。これは我が国が保有する最も操縦性の高い戦闘機であると告げた。

一九四三年九月四日、スターリンはロシア正教会を復活させる。正教会はスターリンの統治権を支えた。

米国がフィリッピンを獲得した時、住民は独立の用意ができていなかった。しかし、対日戦争が終了したら独立をよぎなくされる。チャーチルはインドの問題、イスラム教指導者ジンナー（ムハンマド・アリー・ジンナー）と、ヒンドゥー教指導者ガンディーとの争いの解決策を持ち合わせていなかった。戦争が終わるまで保留した方がいいと考えていた。

イギリスの植民地インドでは、戦争に若者が駆り立てられていた。

インド問題は複雑で、カースト間では文化水準が異なり、関係も欠如していた。下からの改革は革命を意味していた。

一九四三年、三首脳会議。ルーズベルト六十一歳。スターリン六十三歳。チャーチル六十八歳であった。

中国は蔣介石です。

中華民国政府主席蔣介石（大元帥《げんすい》）と会談し、対日戦争への中国の参加について討議する、と図書には書いてあります。また、「蔣介石の軍隊はさっぱり戦っていない」とルーズベルトは、息子のエリオットに漏らしています。ルーズベルトは身体障害者で車椅子です。ルーズベルトの車椅子が通常の出入口を通過できないのではないかと心配する……と、何度も出てきます。でも彼は、一般の人々にはそれを隠していました。ルーズベルトは車椅子で移動していたのです。ルーズベルトは、

「我々は軍艦、商船を問わず多数の日本船を沈めている、おそらく日本の回復能力を上回る数の船を沈めている、と信じている。日本の西では中国を戦争にとどめておくことが必要である。それゆえ我々は北ビルマを経て雲南省にハル作戦計画を作成した。我々は中国を積極的に戦争にとどめておくことを明確にしておかねばならない」

スターリンは若い頃、革命前のロシアでツァーリの秘密警察「オフラナ」に九回逮捕された。そのたびに流刑にされたが、八回脱走した。一度、北方の毛皮交易前哨《ぜんしょう》地《ち》ソリヴィチェゴックから脱走した時には女装して逃げた。

一九〇八年に最初に逮捕されてからその後の九年間、彼が自由の身だったのは一年半の間だけだった。自由の身だった期間にサンクトペテルブルクで地下に潜伏しながらプラウダを創刊し、その初代編集長になった。その第一号が出た後、オフラナは再び彼を見つけて、シベリアへの流刑に処した。この最後の逮捕で彼が流されたのは北極圏内に含まれるシベリアの奥地のクレイカだった。

オフラナがクレイカを選んだのは、彼がもっとましな環境の流刑地に送られた時には必ず警備兵を買収したり、あるいは自力で脱走したからである。クレイカは極限の環境で、小さな村はツンドラとオオカミの群れに囲まれていたので、脱走は不可能だった。一九一七年の帝政政府の崩壊だけが彼を自由にしてくれたのである。

スターリンはオオカミを忘れることができなかった。残りの人生ずっと、彼がいたずら書きをする時の絵はオオカミだった。

フランス国民は五週間でドイツ軍に制圧されるほどに意気地がなかった。フランスをドイツ軍に譲ってしまった。

スターリンは、「フランスの支配階級全体は骨の髄まで腐っている。フランスの指導者たちは国を引き渡し、ドイツ軍に対して玄関口を開けた。事実上、フランスは今や我々の敵を積極的に助けているのだ。戦後、フランス人の手に何らかの重要な戦略地点を残すのは危険である」と述べています。

「一九四二年のあの絶望的な夏にあっては、スターリンは何にでも同意しただろう」とホプキンスは述べた。当時、ドイツ軍は依然としてソ連の広い地域を占領し、攻撃し、破壊しており、スターリンは米国の援助を切望していた。

ルーズベルトは中国について、「中国がいかに不安定か、あるいは蔣介石の政府がいかに弱いかを知る必要がある」と述べている。

一九三八年にルーズベルトは蔣介石に一億ドルの借款《しゃっかん》を与える。蔣介石の政府の資金が底をついたからです。事態は改善しなかった。蔣介石は、また十億ドルの金借款を求めてきた。ルーズベルトは、もし米国が十分な援助を与えなければ、蔣介石は日本と取引する可能性があると危惧していた。もう一つは驚くほどの膨大な中国の人口です。

「とどのつまり、中国は四億人の国家なのだ、そして彼らを潜在的なトラブル源としておくよりもむしろ味方として持っていたほうがよい」

ルーズベルトは、米国、英国、中国、ソ連の四ヶ国で「国際連合」を設立しようとしました。

この時のソ連の人口は二億人でした。

ヒトラーはスラブ人を劣等民族であると決めつけ、ロシアとポーランドを奴隷国家に変えてしまうことが正しいと信じていました。

ドイツ陸軍がポーランドへ侵攻して、ポーランド人の八〇％は収容所に入るか東へ追いやられることになりました。ポーランド人たちは飢えと病気で死ぬしかなかった。医療行為は病人が死ぬように行われました。ポーランドはドイツ本国以外で死の収容所が建設された唯一の国でした。それはヒトラーがポーランド国民全体を絶滅することを計画していたからです。総計四百万〜五百万人を東へ追いやるか殺しました。

そして、その地域に、ドイツの農場主と中産階級を移住させようというのです。

ヒトラーは、「千年経てば、我々の言葉がヨーロッパ語になる」と約束しました。


一九四二年三月、ルーズベルトはイランの領土保全を尊重し、戦争終結後は退去し、イランの独立、主権、領土保全の約束をした。

これに対して、チャーチルはアングロ・イラニアン石油会社の重要な油井があるイラン南半分は、イギリスの植民地であり合意できないと言った。

ルーズベルトは息子のエリオットに言った。

「イランは間違いなく非常に、非常に遅れた国家だ。現実に一連の部族で構成されており、人口の九九％は事実上、残りの一％に束縛《そくばく》されている。その九九％は自分の土地を持たず、生産物を保持できないか、あるいは金銭または財産に変えることができない」

最も重要なものは機械である。米国は月に八千機から一万機の飛行機を製造できる。ソ連が製造できるのはせいぜい月に三百機である。英国は三千機を製造しているが、これは主に重爆撃機である、とチャーチルは述べた。ソ連は冬季に凍結するウラジオストクが唯一の港。

国際連合には、それぞれの国がある程度の権限を全体の機関へ委譲する必要がある。

トルコのイスメト・イノニュ大統領に参戦を説得するには何が必要か。

チャーチルは、インド人が今にも反乱を起こしかけており、英国の政策が数百万ものインド人の餓死を引き起こしていたにもかかわらず、インド支配の手を緩《ゆる》めようとはしなかった。

ルーズベルトはドイツを分割すべきかどうか迷っていた。スターリンは、ソ連はドイツの分割を支持すると答えた。

チャーチルはスターリンを信用していなかった。スターリンが西欧を弱体化し、たぶん占領するだろうと思った。

ルーズベルトは、スターリンの真の狙いが、本人が言うようにドイツを弱体化し、残りの西欧はそのまま残すことだということは疑わなかった。

スターリンはドイツ弱体化の目標に関して、ソ連政府はその分割の方を選ぶと言明した。

オーヴァーロード作戦の司令官にドワイト・デイヴィッド・アイゼンハワー将軍が任命された。

一九四三年十二月六日のニューヨーク・タイムズ紙。

「私はスターリン氏がそこにいたことに感謝する。私の意見では、彼が窮地を救った。彼は直接的で強力だった、そして首相の陽動攻撃の試みを痛快な力強さで払いのけた。彼の到着時まで我が方は不利な立場にあった。第一に、大統領の幾分いい加減な情勢把握のために。第二にその全責任を負っているマーシャルが自分は利害関係者だと感じていて、自分は多少とも圏外にいるべきだと言って聞かなかったために。それゆえ、スターリンが参加する前の最初の会談は、議事録の示すところによれば、我が方が提案しているひじょうに強力な調整結果がまったくない、かなり落胆させるものだった。しかし、スターリンがヴォロシーロフ将軍を伴って参加すると、彼らは情勢を完全に変えて、オーヴァーロードのために攻撃を開始した。彼らはフランス南部での助攻に好意的態度を示したが、東地中海における陽動攻撃には強く反対した。最後はスターリンが勝ち、私はそれを喜んだ」

ニューヨーク・タイムズ紙は、一九四四年一月に『今年の人』としてスターリンを選んだ。もしスターリンがいなかったならば、ヒトラーは誰もが認めるヨーロッパの指導者になっていただろう。

ルーズベルトがソ連に送ることを約束した物資のリストは度肝を抜くものだった。

毎月四百機の航空機、五百両の戦車、五千台の自動車、一万台のトラック、大量の対戦車砲、対空砲、ディーゼル発電機、野外電話機、無線、オートバイ、小麦、粉、砂糖、二十万足の靴、約九〇万メートルの外套《がいとう》用生地、そして五十万双の手術用手袋、一万五千挺の手術用鋸《のこぎり》。

ルーズベルトは、ソ連を助けることは米国を助けることだ、という原則に立脚していた。

一九四三年十月十二日、スターリンは電話した。

「ヒトラーがモスクワ攻撃を準備している。我々には首都を救うために十分な部隊がいない」

ウクライナでは壊滅的敗北をこうむった。住民はドイツ軍を歓迎している、と。

ヒトラーは大規模なモスクワ攻撃を開始した。

十月十四日、ドイツ軍はモスクワの西約一二〇キロに位置するモジャイスクのソ連軍防御線を突破した。

十月十六日、モスクワにおける恐怖の一日だった。モスクワの民警（警察官）たちは前線へ派遣された。首都は閉鎖された。バスは一台もない。地下鉄は運転を止めた。街路はパニックに陥った人々でごった返した。

スターリンは、ドイツ軍が迫っていることを考慮して、十月十五日、首都に避難命令を出した。

政府の首班代理となるモロトフを含む政府の全職員が、サマーラ川とヴォルガ川の合流点にある約九六キロ南東のクイビシェフ市（現サマーラ市）へ移るように命じられた。外交官たちは真夜中の少し後、暗闇の中で列車に乗り込んだ。重いみぞれが降っていた。ドイツ軍の兵士たちは、この列車を捕獲する寸前までいた。土壇場で反撃に移ったソ連軍騎兵軍団一個により撃退された。

シベリアからの最初の部隊（ベロボロードフ指揮の第七八狙撃師団）は、その同じ恐ろしい日に到着した。

十月三十日、ルーズベルトは、スターリンに伝えた。

「私は軍装備品と弾薬の全項目を承認し、原材料を可能な限り供給するために最高の輸送船隊が利用されるように指示した。いかなる財政的障害も取り除くために、十億ドルを援助する」

ルーズベルトは議会に知らせずに決定したのです。

一九四四年六月六日、ノルマンディー上陸作戦は実施された。連合軍十六万の兵士がノルマンディー海岸を攻撃した。数週間のうちに、さらに百万人の兵員が送り込まれた。連合軍の北フランス大量上陸は完全に成功した。

米国では、ルーズベルトは、アルベルト・アインシュタインからの手紙で原子爆弾開発の重要性に注意を喚起《かんき》された。一九三九年のことだった。

一九四四年三月十三日、ルーズベルトは、物理学者でデンマーク人のニールス・ボーアと会いもしないで、ロンドンへ行ってチャーチルと会うよう即座に言った。ルーズベルトは身体的に悲惨な状態にあった。彼は咳が止まらず、激しい頭痛、睡眠障害、鼻詰まりに、そしてさまざまな疼《うず》きと痛みに苦しんだ。

三月二十七日、ルーズベルトは大統領報道官のビル・ハセットに「とにかく気分が悪い」と言った。

娘のアンナはベセスダ海軍病院で精密検査を受けさせた。大統領は海軍病院の心臓医長ハワード・G・ブルーエン軍医少佐の診療と検査を受けた。ブルーエンは大統領が卒倒寸前であることを発見した。左心室不全、高血圧、急性気管支炎、心臓肥大。

大統領は入院した。

ブルーエンによると入院十日して大統領の肺から水が消えて、咳も止まった。

四月上旬、大統領は退院した。

ルーズベルトは十一月の大統領選挙では再選されないかもしれない、という不安を感じていた。

ルーズベルトは「原子爆弾の情報をソ連と共有すべきだ」と述べた。

英国のインド支配は、スターリンのソ連支配と同じように残酷だった。一九四一年、チャーチルは「拒絶政策」をベンガルで導入した。兵士たちは見つけられる限りのコメを没収せよと命じられる。彼らは家畜飼料庫や問屋の倉庫を空にし、種もみまで取り上げた。

この政策がこの地方への侵入を図る日本軍へ食料を拒絶することになるという理由だった。

インドのベンガル人たちは餓死した。食わせてもらうにはイギリス軍へ入隊するしかなかった。チャーチルは兵を増員することに成功した。実際にコメはベンガルからセイロンへ積み出された。その結果、人口の二三%が飢えて死んだ。ベンガルの農村地域の多くには食料がない。村民は餓死した。三百万人のベンガル人が死んだ。

一九四五年二月八日、ルーズベルトは夕食後、急に咳の発作を起こし、話すことができなかった。それはかなり長く続いた。神経過敏からのようだった。

一九四五年二月九日、連合諸国が戦争によって被った損害をドイツが補償することについて、またその五〇%をソ連が受け取ることを米国、英国、ソ連が合意した。

会談のあと午後六時の休憩の時、お茶を飲んでいる大統領の手が震えていた。

一九四五年二月十一日、専用機の「セイクリッド・カウ」がルーズベルトをエジプトまで運ぶために待っていた。エジプトでは米国重巡洋艦「クインシー」に乗り、スエズ運河のグレートビター湖に停泊した。大統領の手が異常に震えていた。

チャーチルを悩ませたこと。それはルーズベルトの反植民地主義的な姿勢だった。

三月二十九日、大統領が夜の間に起こす咳の発作は、エレノア夫人の知るところとなった。

あなたはもちろん、ドストエフスキーを読んだことがあるでしょう？　人間の魂、人間の精神がどんなに複雑なものかわかるでしょう？　それならスターリングラードからベオグラードまで戦ってきた人間を想像してみてください。数千キロにわたる自国の荒廃した土地を通り、戦友たちの死体の中を。どうしたらそのような人間が正常に対処できるでしょう？　そのような恐怖の後で、彼らが女性と楽しむことが、何かそれほどひどいことなのでしょうか？

ルーズベルトは何かを解き放とうとしていた。

一九四五年四月十一日、「私は彼がひどく老け込み、非常にやつれているのに気づいた。彼の両手は震えて、グラスをひっくり返し始めたほどだったので、彼がカクテルを注ぐ時には私がグラスの一つ一つを押さえなければならなかった」とエレノア夫人は語っている。

一九四五年四月十二日朝、目覚めた時、ルーズベルトは軽い頭痛と首のこわばりを感じた。ブルーエン博士が彼の首をこすった。大統領はいつものように石造りの暖炉の前でしばしばそうしていたように、革張りのひじ掛け椅子をトランプテーブルに引き寄せて座りながら過ごした。そのテーブルはいまホワイトハウスの郵便物で覆われていて、ハセットが彼の前に置いたさまざまな文書を読み、承認し、署名していた。午後一時十五分、大統領はデイジーに顔を向け、後頭部を左手で押えながら、「頭の後ろがひどく痛む」と言った。

彼は前によろめきながら意識を失った。意識が戻ることはなかった。午後三時三〇分、ルーズベルトは息を引き取った。

ブルーエン博士は「脳動脈瘤によって引き起こされたくも膜下出血」と診断した。そのような動脈瘤は数年間存在することが可能だった。それはいつ破裂してもおかしくなかった。ルーズベルトは数年間、「気分が悪い」と言い続けていた。

君は、どう思いましたか。

蒋介石がアメリカから資金を借りていたことや、スターリンもアメリカを必要としていたこと。ルーズベルトは車椅子生活で身体障害者だった。

人間はいつか、死にます。

この地上にいるすべての人間は、死にます。

あなたにとって、死が安らかな眠りのようでありますように……。

第三章
人間は「進化」をしているのか

▼類人猿と人間▲

現代人類はアフリカで生まれた。一度は絶滅しかかった我々の祖先は、やがてアフリカを旅立つ。だがその旅立ちはたった一度しか成功しなかった。そしてアジアへ、オーストラリアへ、ヨーロッパへ、アメリカへ。人類は驚くべき速度で世界各地へ拡がっていった。三百万年前にいた猿人ルーシー。彼らは最初に直立二足歩行になったものだが、頭蓋《ずがい》と脳はまだチンパンジーと同じぐらいだった。

二百万年前にいたホモ・エレクトス。彼らは早い機会にアフリカを離れ、地上を支配した。トゥルカナ・ボーイと名付けられた十一歳、一六八センチの少年の骨がアフリカの地層からほぼ完璧な形で発見された。

二万年前の老人の埋葬人骨がモスクワにほど近いスンギル遺跡で発見された。穴のあいたキツネの歯で装飾した帽子、二十点の象牙《ぞうげ》の腕輪やブレスレット、何千という象牙ビーズを身につけた早期の個人的装飾された遺体。

人間は、自分は、どこから来たのか。

中国人、インド人、アメリカ人、ロシア人、オーストラリア人、みんな互いに何の関係もないと思っている。でもみんな最終的には同じアフリカの女性と男性を祖先にもつと証明できる。

最初の人間に行きつくまでに、どれだけの世代を越えていかなければならないのか。私たちの祖先はサルに行きつく。

しかし、死後の世界の不確かさ同様、その点も完全に明らかにするのはむずかしい。

現在、多くの人類学者が、人類はアフリカからやって来たと主張している。人類の物語は遺伝子をたどることによって解明される。

「どうして私たちだけがこうなったのか」

アフリカのサバンナの圧倒的な困難をものともせず、人類を適応させ生きのびさせてきた力こそが、私たちの本性、私たちの驚くべき物語への鍵なのだ。

人類は、考えたり話したりする。動物の中の特別な存在として完全につくりあげられた。過酷で無作為で考えのない環境によって選択され、形づくられた。

一千万年前、アフリカはみずみずしいパラダイスで、疎林《そりん》が広がり、数種の類人猿が住んでいた。

一九七四年にエチオピアのハダールで、ドナルド・ジョハンソンによって発見された「ルーシー」と名づけられた女性の骨。生きていたのは三百万年前。チンパンジーに似ているが二足歩行をしていたと思われる骨盤をもっている。ゴリラと同じようにメスはずっと小さく、ハーレム社会であったことがわかる。

人類を特徴づけるものは、その特別に大きい脳だ。

二百万年前に、より大きな脳とさらに技術を獲得した新しい人類がアフリカに現れた。ホモ・エレクトスというホモ属の一種。

君はどう思うか？　いろんなホモ属が出現するのだけれど……。

十万年前にネアンデルタール人と、私たちの種ホモ・サピエンスが出現する。

霊長類は、なぜ大きな脳を持つようになったのか。完全と言える答はない。

また、五百万年前にヒトとチンパンジーの系統が分かれてのち、いつごろからヒトの祖先が二足歩行するようになったのかは明らかではありません。

三百万年前のものとされるアウストラロピテクス・アファレンシス（アファール猿人）の化石は、ほぼ全身の骨格が残されており（ルーシー）、明らかに二足歩行していたことがわかります。発掘地はすべてアフリカです。

当時のアフリカは森林地帯が拡大したり縮小したりを繰り返していたことがわかっていますが、ヒトの祖先は森林とサバンナ（雨の少ない熱帯地方の、まばらにしか木の生えていない草原）の境界部で、生息環境を開拓していたと思われます。

二百三十万年前、アフリカに新種のホモ属である、ホモ・ハビリスが現れます。二百万年前、新種のホモ・エレクトス（トゥルカナ・ボーイ）が現れます。ホモ・エレクトゥスは百万年の間、地上で生活をしています。

現代人が農耕を開始してから現代までが一万年です。百万年の間という時間の長さには驚かずにはいられません。

ところで、キリンの首は、なぜ長くなったのか。

進化現象に対するダーウィンの単純な見解を行動学的に解釈すれば、「木のてっぺんの葉を食べるため」と言えます。また、そうではなく、「たまたま首の長いキリンが自然の環境に適応していたので、生き残った」、首の短いキリンは絶滅したのですとも言えます。

さて、君は、どっちだと思いますか。

首の短いキリンの化石が発見されたとしても、それだけでは確かなことはわかりません。

因みに、前者はアメリカの有名な心理学者マーク・ボールドウィンです。後者は東大の教授です。

人類の祖先のアウストラロピテクス属は二足で歩いていた。アフリカのサバンナを脳と手を使い、肉を含む多様な食物を知的に協力し合って利用していた。

その後、ホモ属の新種が、いろいろと出現したと思われます。彼らは、アフリカのサバンナに出現したあと、アジアへと広がり、百五十万年の間地球を支配しました。

そして十五万年前にネアンデルタール人（ホモ・ネアンデルターレンシス）や、現生人類であるホモ・サピエンスがアフリカのサバンナに現れます。

ネアンデルタール人は、北へと移動します。彼らはヨーロッパで生存していました。現生人類であるホモ・サピエンスはアフリカを出ることがなく、しばらくの間、アフリカで生息しています。

三万年前にはホモ・サピエンスが地上を支配しています。

ネアンデルタール人の化石はフランスやスペイン、最終的にはポルトガルで発見されています。ホモ・サピエンスがネアンデルタール人を絶滅させたということです。

人間とは何かを問うと、そこには一九世紀のチャールズ・ダーウィンが言うところの「人間が進化の産物である」に辿り着く。

進化の産物としての生物の制約と特徴とを考慮に入れなければ、人間は、やはり理解できない。

ヒトの祖先がチンパンジーの祖先から枝分かれしてから五百万年の間にどのようなことが起こったのか。人も動物であり、しかし人はどのように特殊な動物であるのか。

人間は、人間という生き物を理解しなければならない。人間を理解するにはどうしたらよいのか。何がわかれば人間が理解できたと言えるのか。人間がすっかり全部理解できた、という日が、もしかしたら永遠に来ないかもしれない。人間とは何か、答は永遠に来ない。

「人間の本性」とは「人間とは……なものだ」と言える。

人間は生物である。この生物はどのように進化してきたのか。どのように環境に適応しているのか。

ヒトは生物であり、進化の産物である。ヒトは適応的な進化の過程によって形作られた。人間の性質やものの考え方の形成は、遺伝と環境によって作られる。

親から子へと遺伝するものがある。人間の行動や心理が文化的社会的環境によって変容する。

「進化」とは何か

「進化」と「進歩」とはちがう。進化と価値とが先験的な方向性をもたない。遺伝とは人間活動ではない。

人間は動物にない高度な文明をもつ。しかし文明や文化や合理的知能や学習があるからといって、遺伝や生物学的制約がなくなった、ということではない。

生命とは高分子で形成されたシステムであり、物理や化学の原理と基本的に矛盾することはない。人間のような複雑な存在は、単純には解明できない。

「進化」とは何か。遺伝子の変化である。進化は何によって起こるのか。

ダーウィンの言う、自然淘汰《とうた》である。なぜ、自然淘汰が重要なのか。それは自然淘汰のみが、適応を生み出せるから。

自然淘汰による進化には条件があります。それは、生物には生き残るよりも多くの子が生まれる、ということ。そして生物の個体には、同じ種であってもさまざまな変異がある。変異の中には生存や繁殖に影響を及ぼすものがある。そのような変異の中には親から子へと遺伝するものがある。

生き物はすべて遺伝子の情報から作られている。これらの条件が満たされたなら自然淘汰の異変が広まる。

生物の個体が持っている形態や行動上の特徴を「形質」という。形質が遺伝子によって支配されている時、その形質のそれぞれの変異を「表現型」という。そして、そのような表現型を作り出しているもとである遺伝子のタイプを「遺伝子型」という。

ダーウィンが自然淘汰を考えた一八五九年には、まだ遺伝子（ＤＮＡ）デオキシリボ核酸という高分子は発見されてないのだ。

自然淘汰がどのように起こるのか。それは生物が暮している環境によるのだ。

環境に適応するということはどういうことか。

「すべての人は死ぬ」

鎌状赤血球で説明できるのです。

鎌状赤血球を引き起こす遺伝子は一つ。それをｓとする。それに対して「正常なヘモグロビン（血色素《けっしきそ》）を作る遺伝子をＳとする。

ヒトは有性生殖（セックス）をする生物だから父親からもらった遺伝子一個と母親からもらった遺伝子一個の二個のセットになる。

そこで、子どもには、両親双方から正常な遺伝子をもらった時にはSSという遺伝子型になる。両親のどちらかから鎌状赤血球の遺伝子をもらった時はSsという遺伝子型。そして両親双方から鎌状赤血球の遺伝子をもらった時、ssという遺伝子型になる。ssの遺伝子は生まれてすぐに死ぬ。

自然淘汰は、有利不利はなく、環境に依存している。

そして、地球上には、鎌状赤血球（赤血球がひしゃげて鎌のような形をしているもので、酸素を運ぶことができない）がそれほど不利でない地域もある。それは、マラリアが蔓延している熱帯地域です。マラリアは蚊が媒体する原虫で、ヒトの赤血球の中に住み込んで暮しているのです。マラリアにかかると高熱を出して死んでしまう。正常型のSSの人の赤血球はまるまると太っていて、マラリアの原虫のかっこうのすみかになります。ところが、鎌状になった赤血球はひしゃげているので酸素を運ぶのにも適さないが、マラリアのすみかとはなりません。そこでSsの型の人はSSの型の人よりも死ぬ確率が低くなるのです。

実際、赤道アフリカでは、Ssの型の人口が五〇％もいるのです。マラリアによる死亡という自然淘汰の結果です。

一六世紀、奴隷貿易によって、この遺伝子は、アメリカ大陸へ持ち込まれたために、マラリア感染で多くの人が死んだのです。Ssの型の人ではマラリアは育ちません。

マラリアに感染していても、病状が悪化することはないのです。現在のアメリカ黒人のSsの型の人は三％いるとのことです。因みに、日本人には、Ssの型の人はいません。

自然淘汰とは、個体ではなく、遺伝子を問題にしています。自然淘汰には目的などはありません。

遺伝子の正体はDNAです。「A、T、C、G」の三つが一組になってアミノ酸を作ります。「C―A―G」でグルタミン、「C―C―G」でグリシンというアミノ酸になります。タンパク質になれるアミノ酸は二十種類で、アミノ酸が二個以上組み合わさるとタンパク質になります。

あらかじめ目的をもって生物が進化しているわけではありません。進化とは、目に見えるわけではありません。進化が起こるのは、自然淘汰が起こるために使うことのできる時間の長さです。人間の命は八〇年。進化が働く時間は何万年に一回か、何十万年に一回か、それとも何百万年に一回。その間に人間は生まれては死に、生まれては死んでゆく。

さて、君、何かおかしいな、とは思わないか。

ホモ属のホモ・サピエンスは、十万年前にアフリカに出現した、だったね。進化が十万年に一回なら、「私たちの顔は……」と言いたくもなるけど。

今、二一世紀を生きている人間の遺伝子は、十万年前にアフリカに出現したホモ・サピエンスの遺伝子なのだ。十万年もの間、私たちの遺伝子は、変わっていないことになる。

進化とは遺伝子の変化だったね。

オーストラリア先住民の顔と、十万年前の解剖学的な現生人類の復元像の顔は、よく似ているのです。

また、「突然変異が起こる」と、ダーウィンは言うのです。

DNAとは三文字で一つのアミノ酸を指定したものが、長く連なったテープ状の情報源で、それが複製されて親から子へと伝えられる。しかし、いつでも必ず完璧に同じものが複製されるわけではなく、DNAは化学分子であり、紫外線や放射線、いろいろな化学物質などにさらされると、構造に変化が起きることがあります。このような原因によって、これまでにはなかったタイプの遺伝子が生じることを突然変異と言います。

また、雄と雌があって、有性生殖によって子供が生まれるような生物には、精子と卵子を作る際に遺伝子の再編成が行われます。子供には、親にはなかった遺伝子が生じることになります。これを「組み替え」と言います。

またDNAの複製は非常に正確ですが、それでも時々は読み間違いも生じます。ここで大事なことは、供給されてくる変異には、目的などなく、変異の方向は、ランダム（無作為に行う）であるということです。突然変異や組み替えによって、足の少し太くなる変異、細くなる変異、少し曲がった足になるような変異、また足が生えないようになる遺伝子すら出てくるのです。供給されてくる変異の中から、不利でないものだけが残され、その中でも生存や繁殖にとって有利なものが自然淘汰によって広まっていくことになります。

自然淘汰は、ランダムに生じてくるさまざまな変異を材料にして、たまたまその時の状況に有利であるものを拾い出す結果を生み出すものです。あらかじめ目的をもって生物が進化してくるというものでは、ありません。

すべての生物は、そのたびごとにばらばらに作られたのではなく、その時存在していたものをもとに進化が働いて、新しい適応を獲得してきたのですから、時間がたつほど、複雑な形が生まれる可能性が高くなるのです。

進化は、梯子《はしご》のように一本調子に起こったのではない。アメーバがゾウリムシになり、ゾウリムシが昆虫になり、昆虫がイソギンチャクになり、イソギンチャクが魚になり、魚がカエルになり、カエルが恐竜になり、恐竜が鳥になって……。

チンパンジーはヒトになる前の状態でとどまっており、あと何十万年か何百万年の時間があれば、ヒトに追い付くのではないか。

しかし、進化とは梯子のように起こってきたのではありません。たえず、生物の集団が枝分かれして起こってきたのです。

すべての生物は、共通の祖先を持ちます。

チンパンジーとヒトの間にも、共通の祖先がいました。その頃は、今のチンパンジーもヒトもいなくて、ある種の類人猿がいました。その生物から、今のチンパンジーの系統につながる集団と、ヒトの系統につながる集団とが分かれたのです。その共通の祖先は絶滅してしまいました。今のチンパンジーは、それ以後の時間経過とともに、独自の進化を遂げたので、もとの祖先型とは異なっています。

チンパンジーはヒトになりそこなったのではありません。

六百万年前に、ヒトとは別の道を歩み始めたのです。

「ただし、ここに書いてあることを信用する必要はない」

現在のところ、諸現象をもっともうまく説明しているのが、自然淘汰の理論なのです。この理論以外に、適応をうまく説明できる理論は、私たちはまだ手に入れていない、ということです。

信用する必要はなく、今のところ、非常に有効と説明している。

遺伝の実験とは、研究結果が出る前に研究者の命がもたない。よぼよぼになって死んでしまう。

生まれた子どもが成熟して次の世代が生まれるまでに何年もかかる。

遺伝子は何をしているのか。行動するとは何であるのか。

生き物とはさまざまなタンパク質のかたまりであり、遺伝子は、どんなタンパク質をいつ作るかを決めているに過ぎません。

行動とは、タンパク質の種類と量によって変化する。タンパク質の違いが、行動の違いになるのです。

遺伝子はタンパク質から出発して、めぐりめぐって行動に変化を及ぼすことができる。行動の、その制御機構の細部まではまだわからないのです。

動物たちは遺伝的に規定されたプログラムによって動いているのではなく、さまざまな状況に応じてどんな行動をとるかを選択している。つまり「意思決定」をして生きている。

動物の一生は、「意思決定」の連続です。

特定の遺伝が、どのようにして特定の行動に影響を及ぼすか、という遺伝子と行動との具体的な関係については、まだよくわかっていません。

遺伝的には何が決められているのでしょうか。個体の状態に応じて行動を評価して選択するルールが遺伝的に決められており、それがどこまで細かくどのように決められているかは、まだ明らかではありません。

生命の本質が、遺伝情報という形の「情報」であるとすれば、カッコウという鳥が、自分で巣を作って卵を育てるかわりに、モズなどの他種の鳥の巣の中に卵を産み込んで育てさせる托卵《たくらん》鳥などの説明になります。

カッコウは、巣の持ち主がいない間を見計らってすばやく一つの卵を産み込んで、しかも帰ってきた巣の持ち主に卵が一個増えていることに気づかれないように、あらかじめ持ち主自身の卵を一個外へ放り出します。また、ここからが凄いのですが、一緒に温められたカッコウの卵はモズの卵よりも早く孵《ふ》化《か》します。カッコウのヒナは、まわりの里親自身の卵を巣の外へ放り出します。こうして里親自身の子どもたちをみんな除去してしまったカッコウのヒナは、世話を一身にうけてどんどん大きくなっていきます。

進化は存在するさまざまな変異の中の適応度の違いによって生じるのですが、変異そのものは目的もなく、ランダムに作られているだけで、生物自身がその目的に応じた変異を都合よく作りだすことはできません。

動物については遺伝的な変異が自然淘汰を受けて適応的に進化する。どのような行動でも多かれ少なかれ遺伝の「影響」を受けます。

動物の行動は遺伝の影響を受けて、その時々に選択（意思決定）して行われる。でも、人間行動や人間心理のほとんどは、まだよくわかっていないのです。

進化生物学という部門においては、遺伝子の存続こそが生命の本質であり、遺伝子が存続していくために個体というものも含めてさまざまな現象が生じた。「遺伝子」と「個体」は別物です。遺伝子はむき出しで存在することはできないので、個体という箱の中にはいっています。

個体はいずれ死にます。しかし、その個体がうまく繁殖する限り、遺伝子は受け継がれていくのであり、その意味では遺伝子は不滅です。

となると、生物学的な進化においては、「個体」にはあまり意味がない。

生物進化という科学的知見からは人生の糧は何もない。

生物の世界では、より生存率、繁殖率の高い遺伝子が集団全体に広まっていきます。ここには誰の意図も入ってはいません。遺伝子はＤＮＡからできていますが、ＤＮＡはただの化学物質であり、そこに意志はありません。しかし、ＤＮＡは水素や酸素などの化学物質とは違って、自分とまったく同じものを複製するという特別な構造を持った化学物質です。そして、いろいろなタイプのＤＮＡが次の世代の複製を作り、より多くの複製を残したＤＮＡが集団中に増えていく結果になります。

「利己的な遺伝子」という言葉が一九七六年に有名になったが、そもそも利己的な遺伝子などはない。それは複製の効率のよさを表わしているにすぎない。生物というものがこの地球上に発生している何十億年という歳月が流れても、なおかつ私たちの生きている世界にまで存続している遺伝子は、他のタイプの遺伝子よりも多く受け継がれてきたものであるに違いない、という意味で「利己的」という言葉がつかわれたにすぎない。「利己的」とは、主体の感情や意志に関する言葉であり、「遺伝子」はそのような感情のある主体ではありません。したがって、利己的という表現は意味をなさないのです。複製の効率のよさです。

進化の単位は遺伝子です。

▼「脳」と言語▲

ところで、「書く」という行為は、今から五千年前に行われます。口述によらないコミュニケーション・システムは、おそらく人類が達成したもっともすばらしいものですが、その原因になるような特別の遺伝子や新しい脳をもった、人類の新しい種が生じたわけではありません。

人類は他の類人猿より脳の成熟に時間がかかる。すべての哺乳動物は、成熟時の大きさに体が成長する以前に脳の成長は止まる。しかし人類の場合は、体が成熟した霊長類としての大きさに達してからも体内時計が脳の成長を続けさせるという点で、他の霊長類とは異なる。

遺伝子にコントロールされたその他のちがいには、発生初期の胎児の背面に位置していた脳の部分が他の霊長類にくらべて大きく成長することがあげられる。

人類は成長につれて小脳と大脳皮質が不釣合いに大きくなる。脳のこれらの部分は、調整したり複雑なことを考えたりする上で欠かせないものであります。このように、画期的な効果をもたらした遺伝的変化は単純なものであり、このことにはわずかな発生遺伝子が関わるだけだろう。しかしそれによって生じた脳各部の大きさの相対的変化は、重要な効果をもつことになった。

このように不釣合いな大きさがもたらす効果は、ほとんどの脳の細胞が接続を発達させる前、胎児のもっとも初期の段階から開始されるように遺伝的にプログラムされている。大脳皮質が形成されていく時には、体を維持する平凡な仕事に必要なものより、はるかに多くの神経組織が生じる。

人類においては、実際の働きがない、明らかに余分な皮質が大量にある。

君は、どう思うか。

なぜ、人類の遺伝子は、無駄なものを作るのか。

胎児の脳の各部がつながり始めるずっと以前に皮質の過膨張が起きると、最終的なつながり具合にはどのような影響があるのか。実は、のちに脳の離れた部分の神経細胞が互いにつながり始めると、皮質内部の、あるいは皮質とそれ以外の脳各部や脊髄との接続の強さや数を決定するのに、皮質の大きさは重要な役割をはたすのです。その結果生じる皮質の多大な接続、皮質内部で接続が増えたために、私たち人類にはいたずらや創造性、象徴的な思考や連想といったものがそなわっているのです。また皮質外部との接続が増えたおかげで、私たちは言語をつかさどる脳幹にある運動神経核も直接あやつることができるのです。

これらの神経核は、以前は皮質下で自動的に制御されていたものです。このことは、制御する遺伝子が置き換わらないとできません。言語を意識して、直接あやつるということが、どうしてできるようになったのか。

ホモ・サピエンスが地上に現れて、何があったのか。はっきりとした答はありません。謎なのです。

言語の起源についての説としていろいろありますが、進化の過程を否定しているものがあります。

ノーム・チョムスキーとスティーヴン・ピンカーによれば、三万五千年前に、「ビッグバン」のような種分化が起こり、現生人類に突如生じた、というのです。言葉を話し、使う能力が、私たちの脳の一種の言語器官に遺伝的に組み込まれたのはごく最近のことだというのです。

人類の思考の質が飛躍的に進歩したという、この創造論的な認識は、ヨーロッパの上部旧石器芸術についての一般的な解釈にも反映されています。三万年前のものと推定されるヨーロッパの洞窟壁画と彫られた小立像は、この見解によれば象徴的、抽象的思考と言語の最初の蠕動《ぜんどう》とみなされています。

言語の起源について、現在の支配的な説は、三万年前の洞窟壁画があまりにも完璧で魅《み》了《りょう》するからなのです。

つまり、「言語」は、むろん有用で新しくごく最近になって現れました。そして、独特の行動です。

もし、二百五十万年前に言語があったなら、話はどんなに簡単におわっていたかということです。

過去二百五十万年前にわたる人類の歴史は、一つの種をのぞいて、すべての人類は絶滅しています。

さて、君はどう思うか。

ボールドウィンによれば、ネアンデルタール人も言葉を話せた、同じような舌骨や拡大した胸部の脊髄があるからだ、というのだけれど、ネアンデルタール人が会話していた、とは思えないです。

この「ビッグバン」の理論。君は何かを感じないか。

そう、「神」だ。

現代人は、ホモ・サピエンスという種です。

では、ホモ・サピエンスは、どこに現れたのでしょうか。

「アフリカ・イブ仮説」とも呼ばれています。アフリカのサハラ以南に住んでいた少数の女性を含む集団に由来するという。アフリカ起源説が一般的です。

世界中の女性の胎盤を集め、ミトコンドリアDNAの変異を分析しました。ミトコンドリアDNAは母親を通じてしか伝わらないので、分子系統進化を調べるのに利用できます。その結果、世界中の女性の系統はアフリカの系統につながりました。これによって、アフリカ起源説が正しいのではないかとなりました。

「文化のビッグバン」が、なぜ三万五千年前に起きたのかはわかっていません。

四万年前にはなかった化石が三万年前のフランスの洞窟で発見されました。それは、急激な変化が起こったことを示しています。ホモ・サピエンスに何が起こったのでしょうか。ホモ・サピエンスは「文化のビッグバン」によって文化を持つことを可能にしました。言葉を話すようになったのです。そして絵を描いたのです。フランスの洞窟の壁に描かれた小像は、明らかに現実の世界の事象や心でとらえられた感情が表現されています。六百万年の人類進化史のわずか三万五千年前に、一気に人間らしさが花開いたのです。

ちょうどこの時に、ネアンデルタール人は姿を消して絶滅してしまいました。そして、この時に、「意識」が生まれたのです。

N・ハンフリーによれば、意識は、自分というヒトを意識するが、また、他者がどのような状態にあるかを想像することもできる道具でもありました。

意識が生まれたことによって、ヒトの心の進化が社会的行動と人間の道徳感情の起源として連続していきます。

ところで、君はどう思うか。

ここで、パスカルの言う「人間は死ぬことを知っている」とは言えないよ。自然が九九・九％なんだから。彼らは自然にまかせたんだ。中世以降のヨーロッパで、「魔女《まじょ》狩り」をしていたんだから。

ここで、チャールズ・ダーウィンの進化論だけでは説明できないところの、「心」が現れたのだけれど、「心」とは何か、今日でもわからないんだから、わかりはしないと言いたいのです。

人間とは何か。

進化の産物である、というのは、あまりにも単純な表現でしかない。説明できない過程がある。

「文化のビッグバン」は最近のことである。なぜ起こったのか。どのようにして起こったのか。

それは謎です。

それは、本当に謎なんだけれども、現生人類はそのような過程があって今日に至っている、ということは確かなことなのです。

三十年戦争のあとで、主権国家がみとめられるようになった。ルイ一四世は、「朕《ちん》は国家なり」と言って、官僚をつくった。オランダだけがキリスト教の布教をしていなかった。そのため長崎で交易できた。

▼ 性淘汰の理論 ▲

雌雄の決定的な違いは体の大きさの違いでも、生殖器官の形の違いでもなく、生産する配偶子が大きいか小さいか、ということにあります。

精子は小さいので大量に生産されますが、卵子は大きいので精子のように大量には作れません。卵子が大きいのは遺伝子の半セットだけでなく、まわりに栄養を備えているからです。精子は遺伝情報と自己推進する運動鞭《べん》だけからできています。精子には栄養はほとんど備わっていないので、精子と卵子が合体（受精）したあとの当座の栄養はすべて卵子が提供します。

雄と雌の違いには、体の大きさがあります。雄の方が雌よりも大きく、ゴリラの雄は一六〇キログラムもあり、雌は九〇キログラムしかありません。小さい精子を生産するだけならば、雌よりずっと小さくてもかまわないはずです。

クジャクの雄は派手な飾り羽を広げて雌に見せびらかします。また、ニューギニアに住むフウチョウ類でも雄が美しい色をしていて、雌はたいてい地味な色をしています。シカやカブトムシの角、「武器」や「装飾」は雄だけが持っています。このように性に付随した特徴を「二次性徴」と言います。

カエル、オケラ、シジュウカラ、アカシカなどは、繁殖期に雄だけが特有の声を出して鳴きますが、雌は鳴きません。多くの哺乳類は、どの年齢をとっても雌の死亡率の方が雄の死亡率よりも低く、雌の方が長生きします。

さまざまな種を越えて一貫した傾向が見られるということです。同性どうしで闘争を繰り広げるのは雄、鳴いたり踊ったりして求愛行動を積極的に行ったのは雄、そして早死にするのも雄。なぜこのような性差が生じたのか。

有性生殖生物の雄と雌とに働いている、性淘汰という基本的なプロセスによるのです。「武器」や「装飾」など派手なものを持っているのは雄。同性どうしで闘争を繰り広げる雄が持っている遺伝子の適応度に個体差があれば、雌はどのような雄と配偶するかによって自分の子の生存率に差が出るので、それを見分けた方が有利となります。しかし、遺伝子を直接に見ることはできません。そこで、尾の長さや羽の色などが雄の遺伝的適応度を示す指標となっているのであれば、それを手がかりにして配偶者選びをすれば有利となります。

雄の遺伝的適応度の差異の原因は何か。

免疫力などの寄生者抵抗性の強さです。細菌、ウイルス、寄生虫などの寄生者に対する抵抗性の強さは生存力を左右する大きな要因です。寄生者にやられると雄の体の諸形質の中でも、とくに第二次性徴の質が下がることが確かめられています。寄生虫や病原体にやられたニワトリの雄は、体重や体長の変化よりもとさかの色と張りがずっと悪くなります。

個体に主体性をもたせた。誰が、何のために。

「主体性」とは、主体的に行動しようとする態度。自分自身の意志や判断に基づいて行動を決定する様子。「主体」とは、自分の意志で行動するととらえられる人。

人間は限られた時間存在する。

「主体性」は犬や猫にもある。犬や猫でも人と同じように死ぬ。命というものを持ち出すことができるのか。なぜ、命をもちだすのか。人はやがて死ぬのを知っているから。なぜ、やがて死んでいく人間に、主体性をもたせたのか。

主体性であって主体ではない。主体は遺伝子であり、DNAであり、タンパク質である。個体に意味はない。個体は遺伝子の入れ物。個体は、有性生殖して繁殖する。進化生物学にとって大切なものは遺伝子。主体性を持った人間は、主体である自分が消えてなくなるのを恐れる。

ここが少し違う。「主体である自分」というのが、「自分だけにとっての自分」なのです。

そもそも、父親と母親がいての自分なのです。
「自分だけにとっての自分」というものが存在するのでしょうか。「自分の心の中だけの自分」であって、それは個性でもありません。だって表《おもて》に現れません。表に現れない現象など、どうしてとらえるのですか。

雄と雌が、有性生殖して子が産まれるのであって、「自分だけの自分」というものは存在しません。消えてなくなるのは、この地上で生活活動ができなくなったからです。あくまでも物理的な現象によるのです。そもそも「自分だけの自分」という主体など、ないのです。主体のないものが、どうして消えてなくなるのですか。父親と母親という存在があって自分が子として存在して、……自分としての存在がある日突然現れたのではありません。

自分が大人になった時、父母は老人になり、やがて死んで、自分が老人になった頃には、子供が大人になり、孫もおり、やがて自分も死んでゆく。ただそれだけのことです。それ以上の意味など、あるはずがないではありませんか。

人間とは、それほど高等な価値のある存在なのですか。この地上において、人間という動物だけを自然は特別扱いするはずがないのではないでしょうか。

この宇宙は何者かによって創られたものであり、人間もまたその何者かによって創られたものである。この自然という、たいへんよくできたものがランダムにできたなどとどうして言えるのか。ＤＮＡにしてもあまりにも完璧すぎます。人間という生き物にしても、謎ばかりです。

人間の脳が心を作っていると、東大の教授は言っていますが、脳と心との関係は現時点ではわからないとも言っています。おそらく永遠にわからないのだと思います。わかりっこありません、だって大いなる何者かによって……。

種とは、はなはだあいまいな存在です。互いに交配可能で、その子孫が生殖力を持つ個体の集まりをさします。

その種の分布域が広ければ、同じ種の個体どうしでも、一生会うこともない個体がたくさんいます。「種の存続のため」と言っても、北海道で生活しているアザラシとアラスカで生活しているアザラシが出会うということはありません。せいぜい自分の属している集団の他個体との出会いぐらいのものです。

進化にとっては誰が死のうと生きようと、集団が存続しさえすればそれでいいのです。

もしも生物の進化が「種の保存のため」という群淘汰で起こってきたのであれば、最終的に人間の命をも形作ってきた生物進化という科学的事実から、私たちが「個体」の生き方について学べることはただ一つ、「個」には何の意味もなく、すべては種の繁栄のために捧げる、ということだけだったことになります。なんとつまらない結論なのでしょう。遺伝子淘汰の考えでは、個体は遺伝子の入れ物であり、遺伝子が自分を複製させるために利用している乗り物にすぎません。

進化生物学にとって、「自我の発見」にあたるものは何もないのです。

現代の社会に生きる若い人々にとっては、セックスが繁殖と結びついていることや、なるべくたくさんの子をもうけることが人生の目的であるということは信じられないことでしょう。事実、現代の我々にとっては、セックスはそれ自体が楽しみであり、子供など作りたくない場合がままあります。

しかし、一昔前の社会を見ると、結婚の目的は子を作ることであり、なるべくたくさんの子を持つことが理想とされていました。子供が生まれないことは重大な離婚の理由であり、「子なきは去る」という言葉は、つい戦前までの日本にあったものです。それは、子をたくさん持つことが「家」「出自集団」などの繁栄につながることであり、子がたくさんあればあるほど、親自身の老後の生活のめんどうを見てくれる保証が増えたからです。

西欧では一八世紀から、夫婦が生涯に持つ子の数が減少し始めました。そして、一九七〇年代をさかいに、世界のどの地域でも人口増加率は減少しています。つまり、人々はなるべくたくさんの子を持とうとは思わなくなったのです。

人々が持とうと思う子の数が減ってきたことは、人間行動生態学の中でも、大きな謎とされています。自ら適応度を下げようとする動物はいないので、別の意味があると考えられています。

現代の高度工業化社会に住んでいる人々にとって生物学的な進化の適応ということよりも、不適応的としか言いようのない教育の競争や親の収入や親が自由でいられる時間とか、子孫をのこすということよりも、親は生きている限り自由な時間でいたいという生活のスタイルが変わったことにあります。

結婚はしたくない。結婚しても子供は一人でいいと思うようになった。女性でも男性と同等に働くことができて生活様式が変わったことです。雄と雌ではなく、女性と男性という平等な人間関係がつくられた。

高度に発達した文化は、生物である人間を隠してしまったのです。子供を生んだり育てたりする手間が、無駄な時間と思うようになったのです。結婚しなくても子供がいなくても、少しも困ることがないということです。

進化生物学にとって、人間はここまでです。

人間の社会は複雑で人間の性格はさまざまです。結婚しても生活していくためには生活上の価値観ややり方が、ある程度一致しなければなりません。ヒトの配偶者選択は、けっこう難しいということです。なぜこんなに複雑なのか、それはヒトの脳が高度な認知的情緒的能力を持っており、そのような高度な脳の作用に基づいた複雑な社会を作ってしまったということです。

「自分だけにとっての自分」はいません。我《わ》儘《まま》な自分は存在しない、ということですが、自分というものは存在します。デカルトの「我思うゆえに我あり」。ここで大切なのは、社会の中で生きている、自分は存在するということです。親がいる自分というものは、存在するということです。

自分というものが時間と共に変化し、何かを観念としてとらえる自分がいます。そして、やがて死ぬだろうと思う自分もいるのです。

では、なぜ、消えてなくなる自分はいないのでしょうか。もともと実存する自分はいないということです。我々人間の存在は時間的な制限があります。物理的に動物として生活活動できる間という、ごく限られた時間だけ、この地上を生きることができるのです。はっきりと実存する自分などあるはずがないじゃないですか。

自分というものの存在のあり方は無常なのです。たえず変化しているのです。今、ここに生きている自分は、そのほんの少し前は母親のお腹にいたのです。そしてその前も、この後も、わからないのです。

進化生物学では、これといった意味などはないのです。「自分」というものに何か特別な意味などはないのです。動物はすべてがそうなのです。主体ではなく、主体性をもった動物なのです。

個が主体性をもたないと、遺伝子にとって都合が悪いのです。美しく魅力的になることが有性生殖を可能にするからです。あえて「主体」を言うとしたら、常に変化するあやふやなものであるということです。

「主体なき主体性」「実体なき主体性」と言えるのではないでしょうか。「初めから消えてなくなる命」ということでもあります。

我々が消えてなくなるのは、実体がないからなのです。命に実体はないのです。ただ少しの間、存在する個体としての命は、実体はないが主体性をもっているのです。だから人間は複雑な生き物なのです。霊長類《れいちょうるい》とは、「霊」は精神を持っているということですが、精神はわからないのです。おそらく永遠にわからないのだと言えます。

今朝、新聞を見ました。東京大学名誉教授、元倫理学会会長、七十七歳死去とありました。著書に『日本人はなぜ「さようなら」と別れるのか』。

人間の命《いのち》とは、初めから死ぬ命《いのち》なのです。

オックスフォード大学のスティーヴン・オッペンハイマーいわく、

「人間は死ぬものであり、世代交代してゆくもの、この世とは、そんなところであり、そのようにＤＮＡにプログラムされている」

▼現生人類の謎▲

もう一つ謎があるのです。

五億四千三百万年前のカンブリア紀に、なぜ生命は突如爆発的に進化したのか。

ミトコンドリアDNA（イヴの遺伝子）がありました。男性は母親のミトコンドリアDNAを受け取り使用しますが、それを子孫には伝えることはできません。精子はそれ自体のミトコンドリアがあって膣から卵子にいたる長い道のりを進むエネルギーを供給するが、受精して卵子に入ると男性のミトコンドリアはしなびて死にます。こうして私たちはみな母親からミトコンドリアDNAを受け継ぐことになります。これがイヴの遺伝子です。

ミトコンドリアDNAのもっとも古い変化は、十五万年前にアフリカで起こった。その後、新しい突然変異が六万年前にアジアで現れるようになった。現生人類はアフリカで進化した。

現生人類が受け継いでいる遺伝子は、十五万年前に生きていた二千人のアフリカ人の集団に由来する。古い現生人類の骨の証拠はアフリカ以外では発見されていないのです。

数百万年前、巨大大陸パンゲア（三畳紀以前に存在したという大陸）が分裂していく時、アフリカはふるえ、そのわき腹にひびが入った。地表のこの巨大な断層は、東アフリカの大地溝帯につながっている。アフリカとアラビアの間の亀裂。紅海です。

紅海の北の端にはスエズ運河があり、南の端には幅二五キロ、深さ一三七メートルの海峡があり、その数多くがバブ・エル・マンデブ（悲しみの門）として知られています。二百万年前、アフリカはまだアラビアとつながっており、海峡は乾いていた。しかし、この時代、アフリカはすでに年間一五ミリの割合でアラビアから離れつつあった。

地球の表層は十数枚のプレートでできており、二億年かけて一つの大陸となり、二億年かけて大陸がバラバラになり、また二億年かけて一つの大陸になることを繰り返しています。

パンゲアの前の大陸は、四億年前には、ゴンドワナという大陸がありました。移動は地球の表層でのみ行われています。このような惑星は他にはありません。プレートどうしがぶつかります。プレートには大陸プレート（軽い）と海洋プレート（重い）があり、大陸プレートと海洋プレートがぶつかると、重い海洋プレートが沈みます。そして海溝《かいこう》をつくります。大陸プレートと大陸プレートがぶつかると山脈をつくります。現在、ハワイ諸島が日本列島に近づいていています。日本の近くにハワイが、と思いますが、ハワイ諸島は日本列島の下へ沈みます。

アフリカの南ルートは、「悲しみの門」が水につかる前に、最後にアフリカを離れた哺乳動物の一つがホモ・エレクトスです。彼らは東インドから東アジアへと広がります。百八十万年前のことです。しかし、寒さが厳しくなった時、死に絶えたようです。

現生人類の誕生を機に、アフリカのすべてのヒト科が絶滅しています。何があったのか、推測では、大量殺戮《さつりく》です。

ネアンデルタール人は、アフリカを出て、六万年前にはフランス、イタリア、スペインの海岸で採集をしています。人が住んだ最古の跡から貝塚が発見されています。では、なぜホモ・サピエンスはアフリカと離れなかったのか。十万年前に現れたホモ・サピエンスは数万年もの間、アフリカにいたのはなぜなのか。それは、消え去らぬ隣人への恐怖だったのかもしれません。

七万四千年前にスマトラのトバ火山噴火があります。過去二百万年の間で群をぬく最大級の噴火とされています。トバの噴火はインド亜大陸を厚い灰で覆いました。そのために東アジアと西アジアの間に人類が絶滅した広い範囲があります。

およそ五万年前、暖かく湿潤《しつじゅん》な気候になったので、ホモ・サピエンスはアフリカを出て、南アジアやトルコ、さらにはヨーロッパ（ヨーロッパとアジアとの境はウラル山脈による）へと殖民した。

ネアンデルタール人と現生人類は接触をもっていた。二万八千年前、ネアンデルタール人はヨーロッパの西の端へと、南フランスからポルトガル、スペインへと追いやられて絶滅した。古いヨーロッパの始祖は、五万年前の南アジアに起源をもっています。

中国に現生人類が出現したのは五万年前です。日本では亜熱帯の島、沖縄で発見された、有名な港川人《みなとがわ》の頭蓋化石で一万七千年前のものです。

北海道で発見された頭蓋化石は日本の先住民アイヌの先祖といわれています。ロシアのアムール川沿いにみられ、サハリン、カラフトを経てきたものと思われています。この時期、中国から北上したといわれています。

カザフ族は、パオというテントで暮し、羊を放牧して羊の肉を脂肪ごと食べます。畑をもたないので野菜はまったく食べません。野菜がないと塩の害を打ち消すカリウムがとれません。彼らは羊の血を飲むのです。

長寿のウイグル族は、タクラマカン砂漠のオアシスに定住する農耕民。夏は四五度、冬はマイナス二〇度の厳しい気候ですが、地下でつながった用水路（カレーズ）に天山《てんざん》山脈や、崑崙《こんろん》山脈の雪どけ水が流れて、豊富な農産物がとれる。オアシスの街、ホータンに住んでいます。

ネアンデルタール人は現生人類がやってくるはるか以前に、アジアやヨーロッパに住んでいました。ネアンデルタール人はどれくらい「おろか」だったのか。

現生人類が技術的、文化的に優位な条件を発達させたのでしょうか。

解剖学的見地では、現生人類は十三万年前に存在していました。おそらく初めの百万年は、その大半がネアンデルタール人と同じレベルの道具を使っていたとされています。

五万年前より前の時代には石器の使用において、現生人類はネアンデルタール人と同じ程度の段階にいました。ネアンデルタール人が現生人類と接触していた、二万八千年から四万年前の間に何があったのか。

一万二千年もの間、ネアンデルタール人と現生人類は、居住地域を同じくして共存しています。三万年前に何があったのか。ネアンデルタール人と現生人類の共存が可能でなくなったのはなぜなのか。

三万年前からネアンデルタール人は、西へ追放されています。イタリア、次に南フランス、そして最後に、スペインとポルトガルへと後退しているのです。

その原因はわかりません。

ネアンデルタール人の最後の避難地は、南西フランスとポルトガルだったのです。

すべての子孫の能力を変えるには、「古い文化遺伝子」なるものが完全に「新しい文化遺伝子」のものと入れ替わらなければならない。三万年前、現生人類に「描くことの突然変異」「話すことの突然変異」が起こったとしたら、その突然変異をとげた個人からの子孫だけが、その技術を受け継ぐことになる。それゆえ、もし三万年前にヨーロッパの間で初めて、「行動的に完全な現生人類」の突然変異集団が地域的に進化したなら、他の殖民された世界、アジア、アフリカ、オーストラリアにいる現生人類には、それができないことになる。

でも、彼らもそのようなことを行っています。

遺伝子流動を可能にする生物学的な方法は、移住と異人種間の結婚だけです。このような方法では、遺伝子を入れ替える、ということはできません。

三万年前の現生人類の遺伝子が入れ替わったのです。

彼らは話をしだしたのです。心を持ったのです。どうして、そんなことができたのでしょうか。ネアンデルタール人にはできなかったことなのです。

会話をすることができるようになった。

現生人類は三万年前に、突然、心を持ったのです。どうして、そんなことができたのか。

誰にもわかりはしません。

文化が長距離を伝播したのか。

オーストラリアのロック・アートが三万年前のものであり、同じ時代にヨーロッパから由来するということは、その文化は信じられないほど短期間のうちに地球を半周しなければならないのです。

二万四千年前の墓所遺跡。モスクワから二〇〇キロ東にあるスンギル遺跡。何千という象牙のビーズでふんだんに飾られています。老人が一人に子供が二人。彼らはみな衣服をまとい、装飾品は象牙の腕輪、杖、動物の小立像、ペンダントをそろえたみごとなものです。

三万年前を境に、現生人類は現在の人間と同じような絵を壁画にのこしているのです。現在、ヨーロッパには、二つの文化、オーリニャック文化とグラヴェット文化があったことがわかっています。

オーリニャック文化は、四万六千年前に、トルコからヨーロッパのブルガリアに入ったものです。ドナウ川からハンガリーのイシュタローンシュケへ、それからさらにドナウ川を西にさかのぼってオーストリアのヴィレンドルフへ広がった。黒海から西へ、上流へと途切れずに進むこの動きは、やがてドイツのガイセンクレスターレにいたった。また同じ時期に、オーストリアから南の北イタリアへも移動しています。さらに西へ進み、ピレネー山脈を越えて、さらに北スペインのエル・カスティーヨを通り、ついにポルトガルの大西洋に三万八千年前に到達しました。

現生人類が最初にヨーロッパに入ったルートは、ボスポラス海峡（当時は乾いており、黒海は淡水湖だった）経由のものでありました。

現在の放射性炭素年代測定法には限界があります。四万年を超える年月を測定すると、天井効果《シーリング・エフェクト》があるために、全体に過小に見積もられるのです。

この文化は、もっとも古いヨーロッパの始祖が五万年前の南アジアに起源をもつことを示しています。

現生人類はアフリカのアブドル（エチオピア）から、悲しみの門を経て、現在のイエメンに入り、そしてオマーンを経て、イランへ入ったのです。そこで、ヨーロッパへと向かう集団とインドへと向かう集団に分かれたのです。

オーリニャック文化はヨーロッパへと向かう集団で道具をつくった者たちです。

グラヴェット文化は、三万一千年前頃にイラクにいた現生人類のものです。この地で発見されたシャニダール洞窟があります。良質な原料の組織的な採鉱、高度な洞窟画、凝《こ》った埋葬、大きな角の道具、家の建材としての骨（マンモスの骨）の使用、そして高度に専門化したマンモス狩りなどです。この文化は、北ヨーロッパと西ヨーロッパへと拡大していきます。

この二つの文化、オーリニャック文化とグラヴェット文化は、文化的様式において、きわめて異なっています。

謎なのは、なぜこの同じ時期に地球の反対側にあるオーストラリアの洞窟にも、高度な絵画があるのかということなのです。

なぜ現生人類の遺伝子が、地上に生活している現生人類だけの遺伝子が入れ替わり、他の人類を絶滅へと追いやったのか、ということなのです。

東京大学の教授は、このことを「文化のビッグバン」が起きたと言っています。

「宇宙のビッグバン」も、なぜ起きたのかはわかりません。「文化のビッグバン」も、なぜ、起きたのかもわからないということです。なんとも、人間という生き物は謎ばかりではありませんか。


現生人類の心がどのようにしてできたのかが謎なのですから、現在に生きている人間は謎の存在としか言いようがありません。なぜ、ここにいるのかは謎なのです。でも文化や文明は、高度なものです。もしかしたら、「さっさと生きて、さっさと死んでいけ」という声が聞こえなくもありません。

皮膚の色、ユーラシアの人々の間のもっとも明らかな身体的差異はその皮膚の色で、日照の強い熱帯へ行くほどその色は濃くなる。メラニン色素による皮膚の濃さは、いくつかのよく理解されていない遺伝子によって支配され、また進化の制御のもとに置かれています。熱帯と亜熱帯に住んでいる者にとって、日焼け、火ぶくれ、そして紫外線が引き起こす皮膚ガンによる死の可能性は、濃い肌の色をもつことによって激減する。また、メラニンは余分な熱を効果的に放射し、必須ビタミンである葉酸が破壊されるのをふせぐ。そのようなことから、日差しの強い気候において多くの世代にわたり、濃い肌をした人々は平均して長く生き、子孫を残すことに成功してきた。

北アジア（チベットや青海高原の北のウラル山脈の東のアジア）とヨーロッパでは、日差しはより少なく、皮膚ガンの危険度は低くなるが、日光不足による骨の病気、くる病の危険がつねにあり、二〇世紀の初めになってもロンドンの子供たちはそのために死亡してきました。

また、罹患《りかん》する者の多くは、インド亜大陸から来た家族の子供たちだった。原因の一部は彼らの濃い肌色にあり、それがもともと十分ではない日光さえも奪い取ってしまうのでした。

肌の色が変化するのに何世代もの時間がかかるとすれば、近い祖先が日差しの強い国に移り住むようになったが肌はまだ白いままという人々がいるはずです。そのいい例が太陽の国オーストラリアで、今日の住民の大多数が薄い肌の色をした近年の移民の子孫です。オーストラリアは世界でもっとも皮膚ガンの割合が高い国の一つです。

マンモスは一万年前までいました。二万年前は、最後の氷期といわれています。地球は一万年前から温暖化したようです。マンモスは北緯三五度のヒマラヤ山脈とチベット高原の北の地域に、寒冷な環境で生息していました。ヨーロッパの大西洋岸から東は北海道まで広がっていました。

旧石器時代の人々は、比較的暖かい北緯四〇度あたりの南端に住んでいたのです。一万年前から地球が温暖化すると、寒冷な環境で生息していたマンモスは絶滅したのです。

三万年前に南シベリアで、マンモスを狩る文化があったことがわかっています。アメリカ先住民のマンモスを狩る文化は、北ユーラシアを起源としています。人々がインドとパキスタンから北へ移動してロシア・アルタイ地方に居住し、驚くべき環境的ストレスに対処しながら貴重な大型の獲物を得ていたかがわかります。

「我思うゆえに我あり」。自分にとって自分とは主体であります。でも両親から生まれた子孫はただの個体です。ただの個体である子供が成長して、自分を自分と意識するのです。意識する自分とは何者なのでしょうか。

自分という存在は自分にとってのみ主体であり続けます。でも生物である限り老いるということは逃れられません。どうもこの主体というものには時間的制約がありそうです。生活機能が可能な間だけ、自分は自分にとって主体です。それは個体にとっての主体であり、いつかなくなる主体であるということです。

いつかなくなる主体がどうして主体なのでしょうか。どうもこの主体というものは、あやふやな、（一貫性、確実性、正確性に欠ける所があり、信用し難い）ものであるということです。人間はどのようにして「死」を受け入れればいいのでしょうか。いつかなくなる主体が自分であり、実体がなく、ただある一定の時間存在するだけのものでしかないということです。

人間とはある一定の時間だけ、この地上で生きる生物であるということです。高等な文化を持って生きている人間とは、何者でもなく、ただ生物なんだ、ということなのです。永遠の謎でもなんでもないのです。犬や猫とおなじ生物であるということなのです。

親が子供に教えなくてはならないこと、それは、いつかは死ぬんだ、ということではなく、犬や猫と同じような生物である、ということなのです。

親が子供に、年老いていつかは死ぬ、そういうものです、と教えられますか。そんなことを言われたら、子供はどうなりますか。夕日が西に沈むのを止められないように、人間が死んでゆくのは止められないのです、ということを子供に言ったら、子供はどうなりますか。子供にとっては大変迷惑なことです。

生物である我々人間とは何者でもありません。ただの生物です。高等な文化を持って、人間社会という集団をつくった。高等な医学を学び、人間の寿命をのばした。そして、高等な文化を持っているがために、人間の心をも何かで定義づけようとしている、ただいたずらに高等であろうとする人間がいる。ただそれだけのことです。

人類永遠の謎でもなんでもありません。どうして心が謎なんですか。

心は、見るものではなく感じるものだ、ということです。心を見ようとするから見えないのです。だから謎をつくるのです。

何から何まで、見ようとする。そして、「わかった」と言いたいのです。

わかるはずがないじゃないですか。自分で謎を作っているのですから。

▼細菌と人間▲

ところで、進化はどうなったのでしょうか。現在も我々現生人類は進化しているのでしょうか。

たとえば感染病です。ウイルスやバクテリアは人類よりもずっと速く進化します。人間を「冒《おか》そう」として病原菌が進化させる新しい種々の病気と戦うためには、新しい多様な病原菌を確認し、それに対して特定の防御を働かせるように、人はそれぞれ内在する多様性を免疫システムの中にもっています。病気にたいする抵抗性のそのような遺伝的変化のほとんどは、適応免疫システムによって働きます。

人間が病原菌に対して適切な防御を進化させると、病原菌もまた進化してその新しい防御を出しぬこうとします。病原菌のほうが人間よりも、その進化の過程が速いのです。賢い病原菌は、宿主を殺すことはないのですが、残念なことにそのことに気づいているわけではないのです。

人類の自然な進化は続いており、疾病《しっぺい》管理のめざましい進歩により、医学は脆弱《ぜいじゃく》な者が生きのびることを可能にしました。

遺伝的免疫は白血球にあります。白血球は赤血球のように一つの細胞ではありません。白血球は好中球、マクロファージ、樹状細胞、B細胞、T細胞とよばれる、五個の免疫細胞からできています。病原菌が体内に入ると、これらの免疫細胞が働きます。このことを自然免疫といいます。出血して血が固まるのは、フィブリンという分質が働いて血餅《けっぺい》（血のかさぶた）をつくることによります。

遺伝子が影響する病気で人が死に続けるかぎり、進化的な選択は働き続けています。癌のような病気はなぜか増えています。ストレスの多い環境や食品の化学汚染によるものかもしれませんが、まだよくわかっていません。また男性の精子の量も減少しています。私たちの感受性は変化しており、遺伝的に決定されており、人類の生物学的進化は止まってはおらず、少しばかり減速しているわけではありません。

人類は他のすべての動物と同じように、進化を進める力の産物であり、人間に特有の傲《ごう》慢《まん》さを捨てること、つまり、犬や猫と同じように、進化生物学では主体性を持っています。しかし人類は知識や教養を兼ね備えており、そのことによって人間を複雑にし、自分が主体であるかのように、錯覚を抱かせているだけなのです。

この小さな惑星のほんの皮相の部分を分かち合い、他の生物に依存して生きている人類とは、ただそれだけのものでしかないということです。

死を意識する年代になれば、そのようにあるだけのことであり、生物としての制約が課せられている以上は、自然の意志の力を防ぎ止めることはできないのです。どのように自分たちの汚された住みかに適合し、どのようにこれ以上汚さないでいられるかは、文化を進化させる人間の能力に、直接かかっています。

絶滅に近い状態を人類が生きのびたとしても（二億年前の地上は、恐竜にゆだねられていました）、生物学的に異なった種が、地上に現れる可能性を否定することはできません。

人間の体は細菌によって生かされています。我々人類は共生の中に存在しています。共生とは、さまざまな生物がともに生きているということです。でも人が死んだ時には、微生物が我々を摂取します。我々人間が食べられる。ぞっとしませんか。

でもそれは、人間でなくなったあとのことです。

細菌とは、光合成というプロセスで太陽のエネルギーを利用することにより、自分の食糧を自分で作った最初の生物です。地球に現れた最初の生命です。細菌は我々の生態系の一部をなしています。我々は細菌から進化しました。

動物は、真核生物という生物の大分類（ドメイン）に属します。真核生物とは、核（細胞核）を持ち、その中にＤＮＡを詰め込んでいるものです。すべての植物や真菌類、藻類などみなそうです。

真核生物はミトコンドリアという細胞にエネルギーを供給するものを持っています。

地球上の生命は、二十億年前のひとつの祖先から進化しました。それより数億年前には、地球には古細菌（アーキア）と、細菌（バクテリア）がいました。共に単細胞生物です。

二十五億年前に、ある細菌がある古細菌と何らかの方法で融合して、ミトコンドリアを持つ真核細胞が誕生したのです。古細菌が真核生物の細胞の「外箱」となり、その中で細菌は変容してミトコンドリアになったのです。

こうして細菌が取り込まれたおかげで、すべてが変わったのです。

エネルギー源が追加されたことで、真核生物の細胞は大きくなれるようになり、より多くの遺伝子を集めて、より複雑になっていったのです。

真核細胞が現れると、そこから動物や植物という多細胞生物が生じていったのです。

我々の体は、三十兆個のヒト細胞と三十九兆個の微生物細胞からできています。

ほとんどの微生物は病原菌ではなく、我々の腸内に生息する数千種の細菌のほとんどは無害なものです。

微生物は、我々の食物の消化を助け、それがいなければ得られない栄養を食物から取り出すのです。我々の食事に欠けているビタミンとミネラルを作り出して、毒素や危険な化学物質を分解します。

ハキリアリというアリの一種は、体表に抗生物質を作る微生物がいます。これを利用して地下にある自分たちの庭で栽培している菌類を消毒しています。

またフグは細菌を使ってテトロドトキシンを作ります。非常に毒性の高い致死的物質で、フグを食べる捕食者を毒殺するのです。

動物が食べる植物の丈夫な繊維の分解は、全面的に腸内細菌に頼っています。ヒト細胞は繊維を吸収することはできません。バクテリアが繊維を食べて糞をします、その糞を吸収するのです。植物も同じです。植物に窒素を供給するための微生物がいなければ植物は枯れてしまいます。

今日の科学者は、ダーウィンがビーグル号という船で島から島を旅したのとはちがい、微生物のサンプルを集めて分解し、ＤＮＡを抽出して遺伝子を調べることができます。

何らかの栄養素の消化とか、とある代謝を行う働きといった特定の役割が存在しており、そうした場をつねに何らかの微生物が満たしているということです。

人間の皮膚の微生物は、プロピオニバクテリウム属とコリネバクテリウム属、スタフィロコッカス属（ブドウ球菌類）の細菌で占められています。腸はバクテロイデス属。膣はラクトバチルス属（乳酸菌類）。口の中はストレプトコッカス属（連鎖球菌類）の細菌がそれぞれ支配しています。

赤ん坊は、母親の子宮という無菌世界から外へ出てくる。すると赤ん坊の体には産道に生息する微生物が定着する。こうして新生児の持つ菌株の四分の三は母親に由来する。その後、赤ん坊は新たな微生物種を両親や環境から手に入れてゆく。ミルクの消化をたすけるビフィズス菌から、赤ん坊の食事が変化するにつれ、バクテロイデス属の細菌類など炭水化物を消化するものへと変化してゆく。

微生物が動物と親密なつながりを持って生きているということがわかります。でもその微生物が「なぜ」なのか？　また「どのように」かはわからないのです。

ある微生物が特定の動物にすんでいるのに、別の動物にすんでないのはなぜなのか？　見るパターンがなぜそう見えるのか？

そこに何かが存在する理由を見つけることはできません。

ハダカデバネズミという動物がいます。彼らは痛みを感じません、また癌にもならないのです。センザンコウやアルマジロ、アリクイ、ツチブタ、アードウルフなどは、アリを餌としていますがすべて同じような腸内細菌を持っています。

哺乳類の母乳に含まれている特別な糖類は、小さい子供には消化できないが、特定の微生物には消化できます。人間の母親は、子どもに母乳を飲ませる時に、最初の微生物も与えているのです。赤ん坊の腸にパイオニアという微生物を与えているのです。

炎症性腸疾患や大腸癌などを引き起こす場合は、微生物が不健康になったことによっておきます。

一人の人間は、たった一個の受精卵から成長します。

どんな動物でも、その動物のゲノムのみならず、その動物の生活や発達に影響を与える多くの微生物のゲノムも持っているのです。

微生物とは小さな生物の総称であり、細菌などのことです。

では、なぜ人間と細菌というかけ離れた生物が、ともに生きて協力できるのでしょうか。

それは我々が共通の祖先を持つからなのです。

すべての生命に共通しているＡＴＰという分子は、レタスやトマトといった野菜をはじめ、我々人間にもすべて同じなのです。動物と微生物がどれほど似ているか、そして深く関わっているかがわかります。

すべての生き物は、見えない微生物という分子に依存して生きているということです。

我々は見えない生物とともに生きているということと、微生物の方がはるかに長い時間を、この地球上で生きてきているということです。

イギリスのロバート・フックが自身の顕微鏡を作り、一六六五年に『微小世界図説』を出版しました。微生物の発見です。イギリスで瞬く間にひろがりました。

一六三二年にオランダのデルフトで生まれた、アントニ・ファン・レーウェンフックはレンズを使った顕微鏡を作った。好奇心の強いオランダ人が気まぐれに思いついて、手作りのレンズを通して観察したもの。それは細菌の発見でした。

その後、レーウェンフックは、ベーケル・スミールというデルフト近郊の湖の水を取り、顕微鏡をのぞいた。「水中にすむこうした微小動物（アニマルクル）の大部分は、動きが非常に素早くして、上へ向かったり、下へ向かったり、ぐるぐる回ったりしていて、すばらしいものを見たと思った。なかには、私がこれまでにチーズの皮の上で見たことのある最小の生き物の一〇〇〇分の一にも満たない生き物もいるようだった」と述べています。

一六八〇年、教育も受けてない、呉服商のレーウェンフックはイギリスの王立協会から会員証書が送られましたが、彼は英語が読めませんでした。オランダ語しか読めなかったのです。

細菌は発酵とか腐敗の両方にも働いています。そして病気の原因も細菌にあります。また病気を制御するのも細菌なのです。

一八八八年、オランダ人のマルティヌス・ベイエリンクは、窒素を空気中から取り込み、アンモニアに変えて植物が使えるようにする微生物を発見します。

微生物が人類を脅かすだけのものではなく、世界にとって必要で不可欠な要素であることを示しました。そして、たいていの細菌には分解する働きがあり、有機物を分解して栄養分を世界に戻しているとしました。

大腸菌の発見者、テオドール・エシェリヒは、「通常の便や腸管に、一見ランダムに現れる細菌を調べて解明するというのは、無意味でいかがわしい行為のように思われるだろう。それらの状態は、千もの偶然によってコントロールされているように見えるのだ」と述べています。

また、腸は特に微生物が豊富なことや、動物は食べるものによって腸内微生物が変わることも発見しました。

細菌は人間の体の中にいます。そして、人間の体の抵抗力が低下しない限りにおいては人間の役に立ちますが、抵抗力が落ちてくると病気を引き起こすこともあります。

乳牛の胃は植物のセルロースを消化して栄養になる酸を作り出し、それを牛が吸収します。それは微生物が胃で働いているということです。

ロシアのノーベル賞受賞者、イリヤ・メチニコフは、「発酵しているミルクには、彼がブルガリア菌と呼んだものも含む細菌が入っていて、それらの細菌が乳酸を作り、乳酸が農民の腸内で寿命を縮める有害微生物を殺すのだ」と述べています。メチニコフは七十一歳の時、心不全で死去します。

一九二八年、生物学者のセオドア・ローズベリーは、「人間に固有な微生物があり、微生物はビタミンや抗生物質を産出し、病原菌の感染を防いでいる」と述べています。

フランス生まれのアメリカ人であるルネ・デュボスは、「抗生物質で固有種を取り除くと、劣勢だった外来種が優勢になることを示した。殺菌した保育器で育てた無菌マウスは寿命が短くなり、成長は遅く、腸や免疫機能が発達異常になり、ストレスに弱く感染症にかかりやすくなる」と発表しました。

一九六〇年、アメリカ人のカール・ウーズは、さまざまな種の細菌を集めて、そのすべてに存在する16S rRNAと呼ばれる分子を分析しました。そして、すべての生き物に共通するDNAやRNA、タンパク質を見つけました。ウーズは、メタン菌はわずかな二酸化炭素と水素がありさえすれば、それらをメタンに変換して生存していける。として、実際、湿地や海、人間の腸に生息することを明らかにしました。

二〇〇〇年、ジェフ・ゴードンは、「我々の体内の微生物は脂肪の蓄積と新しい血管の生成をコントロールしており、肥満の人は痩せた人とは腸内微生物が異なる」と述べています。

ところで、はるかに見にくい生物がいます。ウイルスです。ウイルスは細菌よりも小さい感染性の微小構造体でできています。倍率は二百倍です。

分子とは、物質がその化学的性質を失わないで存在しうる最小の構成単位。原子とは、各元素のそれぞれの特性を失わない範囲で分割して得られた最小の微生物。

なぜ、動物は、発達の実質的な一部分を他の種に委託するのでしょうか。

我々の出現よりもはるか以前から、微生物が地球を支配していた。我々は出現するとともに、当然ながら、周りの微生物と相互に作用する方法を進化させたのです。

ニコール・キングは、カリフォルニア工科大学バークレー校の研究室で、「最初の動物が進化した海中には大量の細菌が存在していました。多様な細菌がいました。細菌が世界を支配していたのです。動物は細菌に順応しなければならなかったということです。細菌が生成した分子は、最初の動物の発達に影響を与えたのです」と述べています。

免疫系とは、細胞と分子が共同で、感染症やその他の脅威から体を守るシステムを言います。

動物のゲノムでは成熟した免疫系を作ることはできません。微生物が何らかの方法で免疫系を形作るのを助けているのです。

胃に生息しているピロリ菌は、胃潰瘍《かいよう》や胃癌の原因になるが、食道癌から胃を守る働きもあります。

我々人間も病原菌に感染すると腸に穴が開きます。そして、ふつうの腸内細菌が血液に混じると、敗血症を発症します。腸内にいれば良い微生物ですが、血液中に入ると免疫システムが働き血液が阻害されます。敗血症です。

我々の微生物は、ある器官ではかけがいのないものです。しかし別の場所では危険なのです。細胞内では不可欠な要素であっても、細胞の外に出ると致命的な物になるのです。我々の免疫系は、ともに生きる種を選び取る方法を進化させ、体の特定の場所にとどまるように限定し、行動を制御して病原菌のようにならずに共生的になるように仕向けたのです。

腸内微生物の多くは自分の食べるものを発酵させ、ふつうは必要と思われている酸素を使わずに成長する菌です。

癌とは、細胞が自分を制御するものに激しく立ち向かっていくという、細胞の反逆の病気です。細胞は無制限に成長して分裂し、腫瘍を作り出して人体の命を脅かします。

微生物のほとんどは細胞内ではなく、我々の細胞の周りに生息しています。

ほぼすべての動物は、外の世界に露出している組織を粘液で覆っています。我々の腸や肺、鼻、生殖器がそれにあたります。粘液はムチンと呼ばれる巨大分子でできています。

免疫系とは、「生物の体内において病気から保護する生物学的な構造およびプロセス」

であります。

一九二八年、イギリスの化学者アレクサンダー・フレミングは、育てていた培地のひとつにカビが入り込み、カビの周囲に微生物が死んだ領域があるのに気づいた。フレミングはそのカビからペニシリンと名づけた化学物質を分離した。抗生物質の発見でした。

平均的な人間は食べ物1グラムにつき百万個ほどの微生物を飲みこんでいる。

自然淘汰とは、生物のうちの環境、条件などに適応するものが生きのこる。

微生物が健康をもたらしています。動物はいったいどのようにして微生物の力をうまく活用することができたのでしょうか。

動物は消化できない食物を消化できるようにして過酷な環境を耐え忍び、命とりになる食事でもなんとか栄養にかえて進化してきたのです。

一九七七年二月、潜水艇のアルヴィン号は、三人の科学者を乗せてガラパゴス諸島の約四〇〇キロメートル北方の地点から海に入った。深海を覆いつくす闇、水深二四〇〇メートルで噴出孔を見つけた。そして生命が存在したのです。二枚貝やその他の貝類がいたのです。これまで熱水噴出孔では、過熱した熱水が、海底から噴き出しており火山のようになっていて生命はいないと思われていました。太陽の光は届かず、摂氏四〇〇度に達する熱水にさらされて、重くのしかかる海水の巨大な圧力を受けながら生命は存在しました。

地球の生命は深海の噴出孔で生じた。そして初めは化学合成微生物として現れた。これらの古代の微生物がその後、無限の形態に進化して海底の深みから浅瀬へと広がった。一部の生物は複雑な形が生じて動物になった。

クジラは死ぬと海底で硫化物を出します。深海に住む生物は、噴出孔から放出される硫化物をエネルギー源としています。深海の菌は、化学物質である硫化物を酸化して、放出されたエネルギーを炭素固定のために用いています。これを化学合成といいます。

陸上では太陽が生物のエネルギー源になります。植分や藻類、一部の細菌類は、太陽エネルギーを利用して、二酸化炭素と水から糖類という自分たちの食べ物を作ります。無機質のものを食べられる物質へ変える。このプロセスを炭素固定といいます。太陽エネルギーを使って炭素固定することを光合成といいます。

植物の細胞組織は複雑な炭水化物、たとえばセルロースやヘミセルロース、リグニン、難消化性でんぷんを含んでいます。脊椎動物はこれらを切断する分子を持ちません。さまざまな哺乳類は何度となく植物を分解する微生物を飲み込んで、酵素を取り入れることに成功しているのです。植物を消化するには多くの酵素の力が必要なのです。哺乳類の成功は採食にあります。その採食はそもそも微生物に基づいて成り立っているのです。

適切な微生物を保守するだけでは不十分です。必要なのはそれらが働ける場所と時間が要ります。草食性の哺乳類は腸の一部を拡張して発酵用の区画にして、消化を担う仲間たちをすまわせ、食べ物の流れる速度を遅くして仕事をしやすくしました。

微生物は哺乳類の腸の進化を形作り、哺乳類の腸の形は微生物の進化に影響を与えたと言えます。

ゾウやウマ、ゴリラなどの発酵区画は腸にあります。こうした、「後腸発酵動物」は食物からできるだけ多くの栄養を抽出するために独自の酵素を使用し、微生物の仕事を後に配置しています。牛やラクダは「前胃発酵動物」です。数個の胃を持ち、その部分に微生物をすまわせています。

人類にとって腸が微生物にとっての独特の生息地であり、免疫細胞が働き、栄養豊富な場所なのです。

海藻は陸上植物に見られない固有の炭水化物を持っています。我々人類は、腸内細菌にこの炭水化物を分解できる酵素をもってはいないのです。しかし、海には分解できる微生物がたくさんいます。ゾベリア・ガラクタニボランスという細菌です。

人間が海藻を採取している。つまりその時ゾベリア菌もいっしょに飲み込んでいた、ということです。何世紀も前に、海藻を生ものとして食べていた。そうして、海藻を消化するポルフィラナーゼの遺伝子を備えた腸内微生物を子どもへ受け継いだ、ということです。
アミノ酸のフェニルアラニンを作るには九個の酵素が必要です。トレンブラヤは1、2、5、6、7、8の酵素を作ることができます。モラネラは3、4、5の酵素を作ることができます。そして、9の酵素を作れるのはコナカイガラムシです。アミノ酸は、フェニルアラニン、トレンブラヤ、コナカイガラムシといった三つの酵素が働かなければできません。

ところで、君はどう思いますか。

人間の体をつくる、ということはどれほどの時間がかかったか。私たちの体は原始的な人間がいなければ、今の人類はいなかった、ということです。

ひと口ごとに新たに持ち込まれる微生物は、それまでは分解できなかった食べ物を消化したり、以前には食べられなかった毒素を分解したり、それまでは我々が増えないように抑えていた寄生生物を殺したりする可能性があります。

そういった微生物が存在することを我々は知っている、ということです。

二〇世紀初頭、ロシアの科学者イリヤ・メチニコフは、微生物を意図的に体に加えようとした。ブルガリアの農民が長寿なのは、乳酸を作る細菌のおかげだと考えた。そしてメチニコフは数十年もの間、いつも酸っぱいミルクを飲んでいた。ところがメチニコフは死んだ。メチニコフが傾倒《けいとう》した微生物は腸内では生きられないことがその後わかった。「人間の腸内の乳酸菌が特定の種類の腸内微生物疾患の治療に用いることはできるのか」

メチニコフの残した課題であった。

一九三〇年、日本の微生物学者である代田稔《しろたみのる》は、胃酸で最初に壊されることなく腸に到達できる丈夫な微生物を発見した。代田はラクトバチルス・カゼイを発酵乳の中で育てて、「ヤクルト」と呼ばれる乳飲料をつくることに成功した。ヤクルトは消化を助けて、免疫系を増強する働きがある。

ヤギはミモシンという毒素を持つ低木のギンネムの葉を食べます。ギンネムは育ちやすく、たくさん食われても枯れない強みがあり、また、たくさんのタンパク質を含んでいます。ただ残念なことに、ミモシンという毒素は甲状腺腫を引き起こします。

一九七六年、レイモンド・ジョーンズは、ヤギの胃にルーメン細菌がいることをつきとめました。このルーメン細菌こそ、ミモシンを解毒する微生物だったのです。かつてギンネムを食べて死に瀕《ひん》した動物が、胃の中の外来の微生物のおかげで、ギンネムを食べて豊かな栄養を取ることができるようになりました。

シュウ酸化合物は、アスパラガスやルバーブに含まれています。これは腎臓結石のできる原因ですが、我々はシュウ酸化合物が消化できません。できるのは微生物だけです。オキサロバクター・ホルミゲネスという腸内細菌がシュウ酸化合物を食べるのです。そして糞をします。その糞を腸は吸収するのです。腸は人類にとって栄養をつかさどる大切な所です。長さ八・五メートルの臓器です。

第四章
「死」を恐れないために

「いくら頭で考えてもわかるものではない」

（養老猛）

人間とは二つの顔を持つ生き物、自然を守る人（逆らえない人）と自然を壊す人（文明）。

「生」とか「死」とかがあるとしたら、どちらの人間にあるのだろうか。たぶん、前者の人間にあるのだ。

前者とは、人間でも猿《さる》なのです。人間でも兎《うさぎ》なのです。そこに、「生」と「死」があるのです。猿や兎が、「生」とか「死」とかを意識しますか。ただ生きて子孫を残そうとするだけなのです。

意識できる人間、人間の顔をした大きな脳をもつ人類、後者の人間には「生」とか「死」とかはないのです。ないものをどうして意識できるのですか。

「生」とか「死」とかという課題は、前者の人間のものなのです。後者の人間、高等な文明をもつ人間には、「それ」がないのです。

前者の人間を原子Aとして、後者の人間を原子Bとするならば、人間とはABの分子からできていると言えるのです。

私としての人間と、人間としての私がいるということです。

私としての人間の私は猿でも、兎でもいいのです。でも人間としての私は、人間でなくてはならないのです。人間とはより高度な文明に生きている生き物だからです。

人間とは二つの顔を持つ生き物なのです。

原子A

私としての「人間（いのち）」

「生」と「死」と「命」と「魂」と「心」

そして「言葉」のようなものがない

原子B

「人間（大きな脳）」としての私
自分を意識できる主体性をもつ
そして「言葉」と「文明」をもつ

ここでの「言葉」の定義とは、より文明を高等にするために生まれた一つの手段（道具）のようである。その言葉は文明において意味を持ち必要不可欠である。だが、その言葉をもって、原子Aの人間の命や魂や心を説明できる、というようなものではない。

▼「神」と人間▲

レオナルドの『モナリザ』は、神が二〇世紀まで封印したかったことなのです。二〇世紀で人類の歴史が終焉するという意味ではなかったのです。二〇世紀までは誰にも明かさなかった秘密がある。それが『モナリザ』なのです。

この本は科学だけでできています。すくなくともここまでは、そうなのです。しかし、ここからほんのわずか、宗教の領域に入ることを読者の方にお許し願いたいのです。

石原慎太郎元東京都知事が死去される一か月前に出した答、それは正しかったのです。石原慎太郎は、八十九歳で他界しました。肺ガンだったのですが、死去する三か月前にガンが見つかります。ステージ4です。「死ぬ」ということを医師から告げられます。そして、死んだあとどうなるかを知ろうとします。毎日毎日、だんだんと体は不治の病に侵されていきます。

「オレは死んだあと、どうなるかが知りたいのだ」

そして、亡くなる一か月ほど前に「わかった」と言うのです。

「人は死んだら、自分の神と会うんだ」

君は、どう思いますか。


マハートマ・ガンディーが暗殺された時、彼が叫んだ言葉も正しかったのか。

一九四八年一月二十九日、七十八歳になったガンディーは、姪孫マヌーと庭園を散歩していた。午後四時であった。一人の男ナトゥーラーム・ゴードセー（インド空軍軍曹）がガンディーに向けて拳銃を発射した。銃弾はガンディーの胸に当たった。ガンディーは倒れた。彼の両手は合掌したままであった。すでに死につつあった。

「ヘー・ラーム（おお、神よ）」

これがガンディー最後の言葉となった。


神は原子Aに生きる人間と共にいるのです。

読者の方にも、私として生きる人間に神がいます。あなたが苦しむ時、神も苦しみます。

あなたが喜ぶ時、神も喜びます。あなたが絶望する時、神も絶望するのです。

つまり、神とは、あなた自身であり、あなたの伴《とも》なのです。

若くして命を捨てる人、彼は神と伴《とも》にいることに気付かなかったのです。

あなたの命は、あなた、一人のものではないのです。あなたの命には神も一緒にいるのです。

若くして命を捨てるとは、神を悲しませることなのです。

神を悲しませることは、決して、するべきことではないのです。

私の言っている「神」とは、偉大なるなにか、「Something great《サムシング・グレイト》」なのです。

私は偉大なるなにものかを、「神」と言っているのです。

宗教でいう神と同じかもしれませんし、また別と言えるかもしれません。残念なことに私は宗教には関心がないのです。

大昔の原始の人間は「死」を「死」とは言わなかった。言葉がなかった。不思議とも思わなかった。心を持たなかった。

言葉も心もない。何もない原始の人間は腐って臭い物体を洞窟から捨てていた。捨てればいいのだとわかっていた。それよりも若いオスは若いメスを求めて性欲に夢中になっていた。

人間に心ができた三万年前から人が死ぬと「不思議だ」と思うようになった。そして、「不思議だ」と思うようになった時、自分たちではどうすることもできないことがあることに気づいた。

そのことが神を知ることの入口であった。

原始の人間には神がいた。まだ文明のない昔、彼らは宗教を信じた。


私としての人間（原子A）には宗教があった。「信じる」という命があった。

人間としての私（原子B）は言葉があり、より高等な文明を築くことを可能にする大きな脳がある。

私としての人間にある「生」と「死」とは、「生」とはあなたが始まり、「死」とはあなたが終わる、ということなのです。「死後の私はいない」のだから死んだ後は何もない。そこに死んだ私はいないということです。

死が怖いと思うのは、主体が自分だと思うからなのです。

主体は「時間」であり「空間」なのだとしたら、自分というものが「時間」によってつくられて、「空間」の中へ融《と》けていくのだとしたら、あなたは納得できますか。たぶん理解できないでしょう。

あなたは「時間」と「空間」を理解してないからです。

神を信じていないからなのです。

ある有名な医師は、「人間の脳が心をつくっている」と言っています。科学がより高度なものになったとしても、命をつくることが可能になる、という時代があるとは思えないのです。

「空間」の中に融けてゆく、ということはこういうことなのです。

「空間」の中で生きている。

でも、目には見えない「何か」なのだ。

人間は「死ぬ」のではなく形を失うだけなのだ。

「空間」は地球の「空間」です。無くなるのではなく失うのです。

「なにもの」なのか「なにか」なのかは、わからないのです。そのようなものに変わってしまうということなのです。

でも、その姿はあなたが人間を始める以前の姿なのだということです。

神を信じればいいのです。

すでに神は、あなたと一緒にいるのです。

「心」をつくる

赤ん坊として生まれて、大人になって子供をつくり、あれやこれやと生きて年老いて死んでゆく。そのことを問うにしても、言葉のような道具がない。ただそういうものなのだ、と思うしかないのです。年を取ってしまったのだという「諦め」と「納得」しかないのです。

命とは、私にとっての私の命は重いが、他人にとってみれば、「ああ死んだのか」程度のものでしかない。つまり自分以外に数えきれない人の命がある以上、私の命は、その程度のものでしかない、ということになる。

空間の中に融けた私は、なにものか、またはなにかになる。

空間の中に「彼岸《ひがん》」というものがあるのかもしれない。でも、人はそうやって、死に近づいていく。死になれていくとも言えるのではないでしょうか。死が隣人《りんじん》のようになったとしたら、あなたは「死」を理解するのではなく、皆が通る道として、「死」を受け入れるということなのかもしれません。

「死」は理解するものではなく、あなたが受け入れるというものなのです。

原子Aの人間にある「心」もそうなのです。「心」とは生きているものなのです。白い色と赤い色が混ざったピンク色。あなたがピンク色をした人間を見ている限りは謎、謎、謎でしかないのです。

「人間の脳が『心』をつくっている」ということは、いつの日か「科学」が「心」をつくる時代がある、ということになるのです。果たして真実なのでしょうか。私には理解できないのです。「科学」で「夢を見る心」がつくれる、ということが可能なのだとは思えないのです。

仮に脳が心をつくったとしても、「生きている心」であるためには、脳も生きていなければなりません。また、複雑な機械ではなく命が要るのです。

「命」をつくれる、とは、死んだ人を生き返らせることになるのです。

そんな時代があるとは思えないのです。

人間の脳が「心」をつくっている、ということは、生まれてきた赤ん坊には「心」がないということになる。それとも赤ん坊は脳を使って「心」をつくっているということになる。生まれたての赤ん坊が脳を使って「心」をつくるとは思えないのです。赤ん坊に「心」がなかったら、どのようにして母親の愛情を受け入れるのでしょうか。

感情とかは脳のシナプスの繋がりによって現れる表情である。でも、これでは答になっていません。要するに生きている「シナプス」が脳にある。

今、問題にしているのは「心」が、どちらの人間のものなのか、なのです。

人間が「心」をつくれない以上は、原子Aの人間のものとなる。原子Aの人間の持ち物は、「考える」ことも、「作る」こともできない、ということだからです。

原子Aの持ち物とは、人間を越えたものであるとも言えるのです。つまり、原子Bの人間では説明できないし、理解できないことなのです。

この地球という惑星が、とりきめた約束なのかもしれません。

なぜ、春になったら草の芽《め》が出るのでしょうか。なぜ春になったら木の枝から芽が出るのですか。あんな不思議なことはないのです。草や木は目や耳を持っていないのです。冬の間、枯れていた草や木は、どうして芽を出すのでしょうか。まるでなにものか、あるいはなにかによって、「さあ、芽を出しなさい」と言われているようでもあるのです。

昼と夜の時間によって、時間の長さによって、そうさせていたとしたら、もうこれはこの地球の決め事なのです。

ところで君は次のことをどう思いますか。

世界地図で見る限りは、グリーンランドがオーストラリアよりも大きな面積をしているのです。ところが地球儀で見るとオーストラリアの方がグリーンランドの三倍もあるのです。これはどちらが正しいのでしょうか。

いろいろと調べてみると、世界地図はメルカトル図法で描かれているので緯度が高いほど拡大しているのです。世界地図とは面積を見るものではないということです。角度を見るものである。そして地球儀とは「距離」や「面積」や「方向」を見るものだということです。

不思議だと思っていたことが一つ解決できたのです。

▼「生まれる」と「死ぬ」▲

あなたは「生まれる」ということを経験しているのですが、あなたは、「生まれる」ということを意識していない。あなたがあなたに気付くのは、言葉を覚え始める、三歳か四歳になる。

あなたが「生まれる」ということを意識してない以上は、そのことについて考えることはできないのです。あなたは赤ん坊が生まれるということは客観的でしか見ることができない。

あなた自身が赤ん坊になって、「生まれる」ということを意識する必要があるのです。なぜなら、あなたは自分を意識することのできる主体だからです。

「死」についても、同じことが言えるのです。なぜなら「生」と「死」とは掌《てのひら》の表と裏なのです。

「死」を意識するには、その時あなたは生きていなければなりません。つまり「生（うまれる）」と「死（しぬ）」は意識できないことになります。

「生」と「死」は意識できないことだとしたら、考えることはできません。「生」と「死」とは考えるものではないし、また意識するものではない、ということになります。

つまり、「生」も「死」も自分にはないことになります。

でもあなたは他人の「生まれる」や「死ぬ」ことを客観的に見ることができるのです。「生（うまれる）」と「死（しぬ）」を客観的にとらえることができるということです。

でも、あなた自身の「生まれる」や「死ぬ」をとらえることはできない。意識することができないということです。

どういうことなのでしょうか。

主体であるあなた自身には「生（うまれる）」や「死（しぬ）」はないということです。あなたは何をもって「生（うまれる）」や「死（しぬ）」を言っているのでしょうか。それは「知識」です。「知識」によってあなたは「生まれる」や「死ぬ」を知るのです。そして言葉を使っているのです。

つまり、自分を意識できる主体には「生（うまれる）」も「死（しぬ）」もない、ということです。だからあなたは主体なのです。

でも、他人から見たあなたは主体ではないのです。主体性というのは他人から見たあなたなのです。

人間とはよくできた生き物だということです。

自分にとっては主体でも他人から見れば主体性だということです。自分にとっては「生（うまれる）」も「死（しぬ）」もあるという生き物なのです。

なぜ、こういったことが起きるのでしょうか。

「生（うまれる）」と「死（しぬ）」はないけれど、「生（うまれる）」と「死（しぬ）」はある。「生（うまれる）」と「死（しぬ）」はないけれど「赤ん坊」として生まれるし、いずれは「死体」になるということです。

でも、そのことを「意識できない」としたら、「考える」ことはできない、という答があるのです。

つまり「生（うまれる）」と「死（しぬ）」は意識するものではない、とも言えるのです。

ところで、「生（うまれる）」や「死（しぬ）」はどこで起こるのか、ということなのです。つまり、地球という惑星の自然界なのです。

生き物に命を与えたりするのは、誰か、父と母でしかないのです。

では、どうして生き物は死ぬのか。意識できない「死（しぬ）」というものは何者なのか。

自然界なのです。「生（うまれる）」も「死（しぬ）」も、地球の自然がもつ gifted（ギフテッド）によって起こる「現象《げんしょう》」、または、「出来事」なのだ、ということです。

自然の「出来事」であって、私は本当のところ、私は知らないのです。

あなたは「生きている」ということは意識できるのです。手に怪我《けが》をすると「痛い」と感じるのです。

問題は「生まれる」と「死ぬ」ことが意識できない、ということなのです。

なぜ、意識できないのか。では、この地球という惑星は意識することができるのか。何十億年もの間生き物と共に生きてきた、ということを意識できるのか。

我々人間が意識できるのは、せいぜい、年を取ることぐらいでしかないのです。

ここでまた問題が起こるのです。

何故、こんなにも完璧な人間をつくることができたのか。

この問題の答が、Ｇｏｄだとしたら、すべては解決できるのです。

我々人間とは、神のコピーなのだ、ということです。

あなたが見た世界と他人があなたを見た世界とは違って見える、ということです。つまり二通りあるということです。

あなたが見る目と他人があなたを見る目があるのです。

あなたが見る目は「時間」なのです。

他人があなたを見る目は「空間にいるあなた」なのだと言えるのです。

他人にとってのあなたは「空間」にいるあなたを見ているのです。

あなたが見ているのは時間を見ていると言えるのです。刻一刻と変化する現象を見ているのです。「空間」にいるあなたは、あなたを見ることはできない。あなたは、あなたの鼻のにおいをかぐことは、できない。あなたの目はあなたの目を見ることはできない、という空間です。

あなたが見る時は時間が流れて変化しているものを見ている。あなたが「空間」にいる時、あなたはあなたを見れない。

あなたが「時間」によって、自分の手を見たりすることはできても、「空間」にいるあなたとは、自分の目を自分では見られない、という「空間」にいるということです。

あなたが他人を見る時は、空間にいる他人を見ているのです。

「生まれる」と「死ぬ」とは、あなたが空間にいてそこで起こる出来事なのです。

人はみんな、時間という立場から空間にいる人や物を見ている。

「空間」にいるあなたは、あなたを見ることはできない。自分の目で自分の目を見ているという空間。時間にいるあなたは、あなたを見られるし、意識することもできる。

時間のない（死んだ）あなたはあなたを見られない。空間にいることになる。

赤ん坊の脳は未熟だから、時間の立場には立てない。

あなたは「時間」にいる時、見るものを意識できる。しかし「空間」にいる時、あなたは見るものを意識できない。我々人間の時間とは、自身を意識できる主体性を持っている間だけであると言えるのです。

「時間と空間」とで、「時空」と呼ぶ。

なぜ、そのように言うことができるのか。

「時間」と「空間」とが同じものである。

「時空」という次元において、私たちは時間という立場でしか、見ることも、意識することもできない。

でもこれには条件がある。時間と空間が同じものである、という条件がある。その条件を満たしてないとすると、私たちの目には見る、ということができない。

つまり、時間という立場で見ることと、意識するということが可能なのは、「時間」と「空間」が同じでないと不可能という答がある。

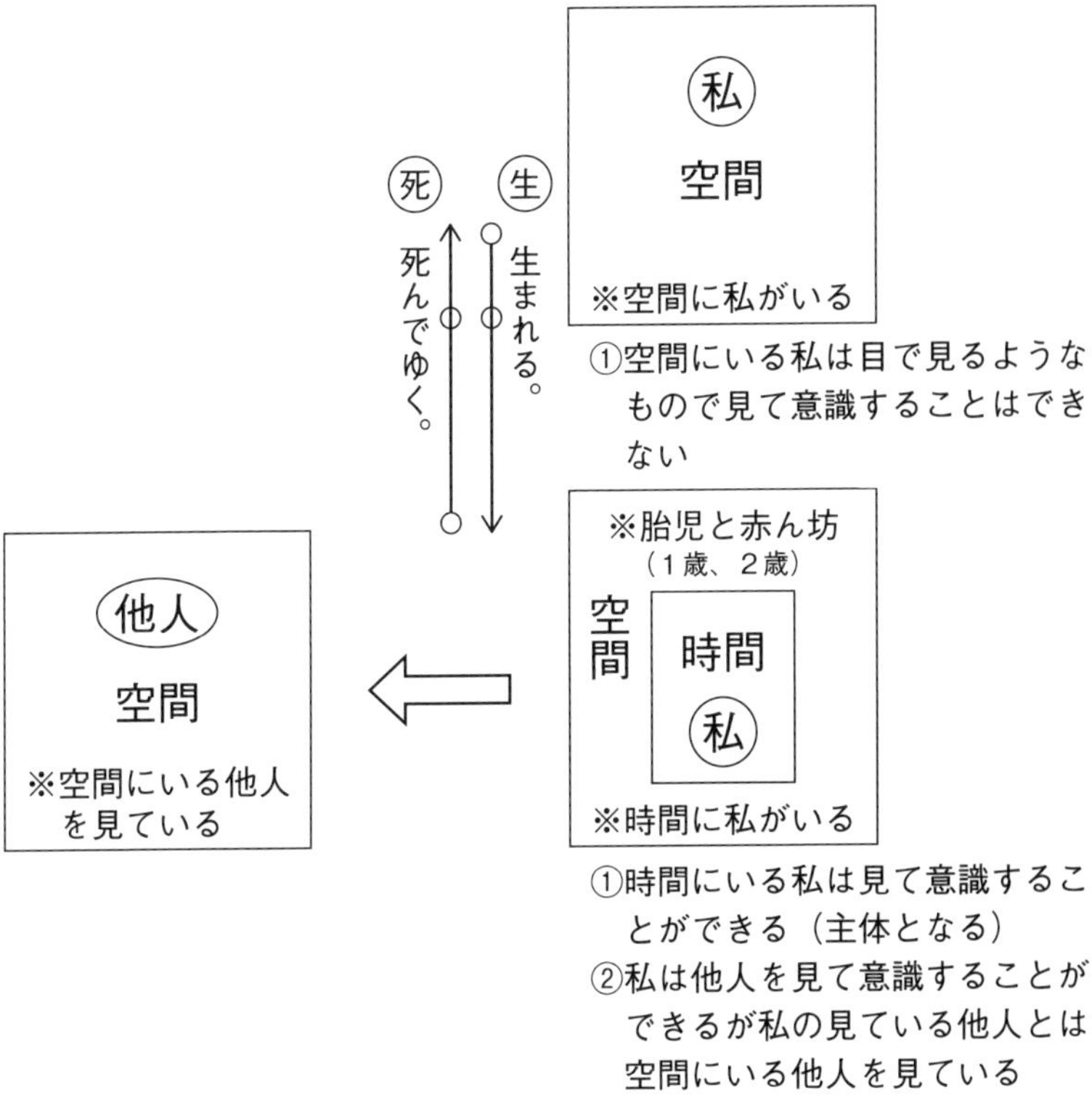
私
空間
※空間に私がいる
①空間にいる私は目で見るようなもので見て意識することはできない
死
生
死んでゆく。
生まれる。
※胎児と赤ん坊
（1歳、2歳）
空間
時間
私
※時間に私がいる
①時間にいる私は見て意識することができる（主体となる）
②私は他人を見て意識することができるが私の見ている他人とは空間にいる他人を見ている
他人
空間
※空間にいる他人を見ている

①私とは時間がある間は主体である
時間とは刻一刻と減ってゆくものである

（図1）

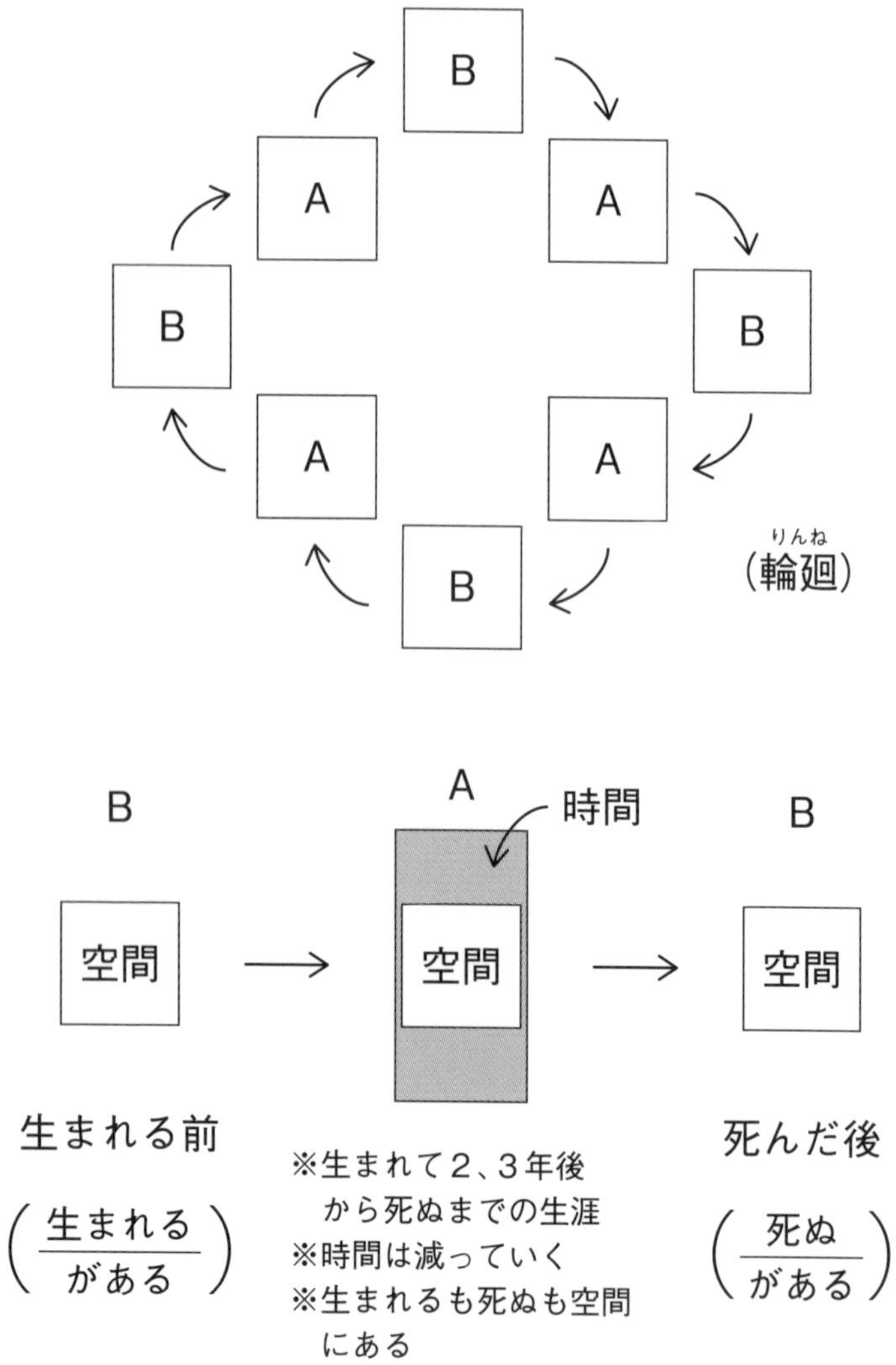
B
A
A
B
B
A
A
B
（輪廻《りんね》）
B
A
時間
B
空間
空間
空間
生まれる前
（生まれる／がある）
※生まれて2、3年後
から死ぬまでの生涯
※時間は減っていく
※生まれるも死ぬも空間
にある
死んだ後
（死ぬ／がある）

（図2）

「生涯」とは

人間とは、時間というよりも、正確には時間軸（事態が展開する上で中心的な役割を果たしているという意味）と言えるものによって、寿命が定められている生き物である。

また監理されている生き物である。

そして、寿命という時間によって行動が決まる生き物である。

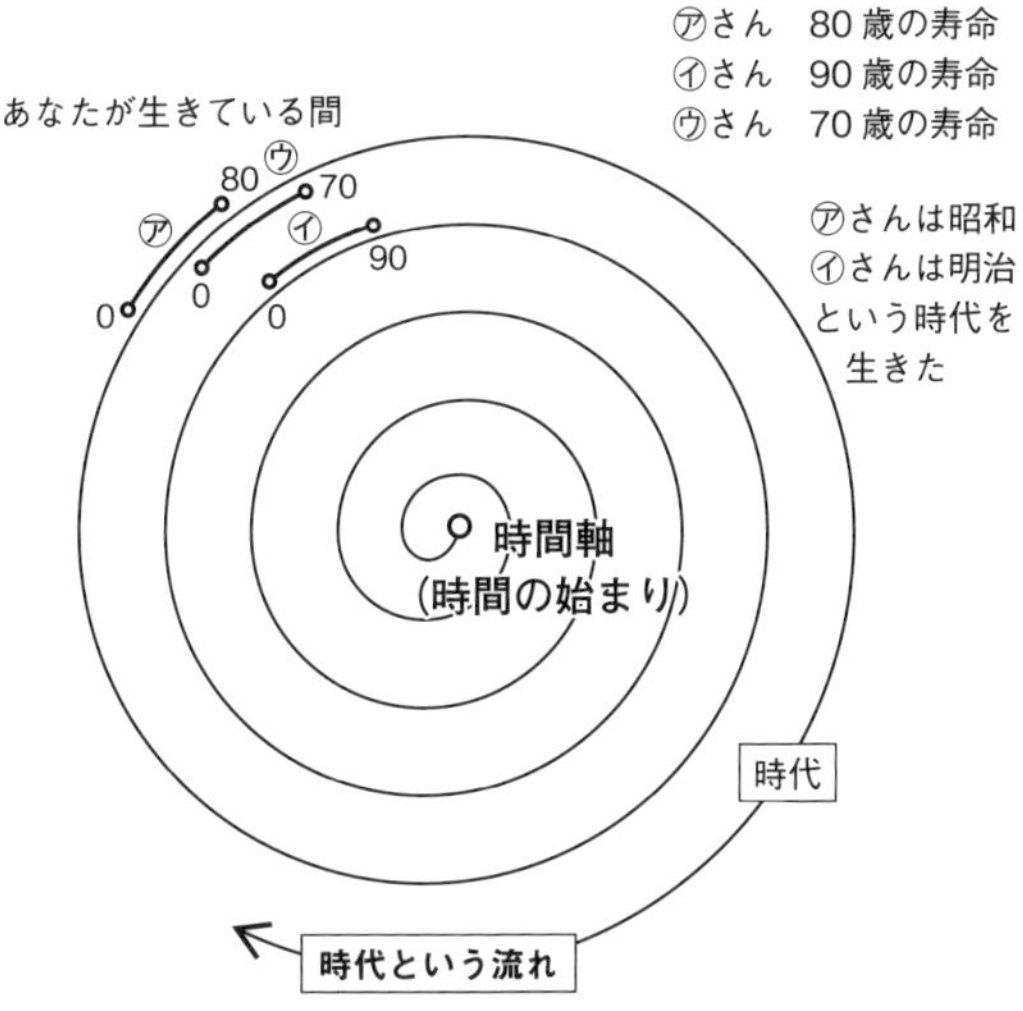

（図３）

二十二歳のあなたは留学を考える。六十五歳の私は温泉場を思う。二十二歳のあなたは、まっ白な雪山でスキーをすることを考える。六十五歳の私は炬燵《こたつ》でミカンを食べることを思う。

のこされた時間が十年あるとしたら、人間はその間の行動を決める。それが人間という生き物である。

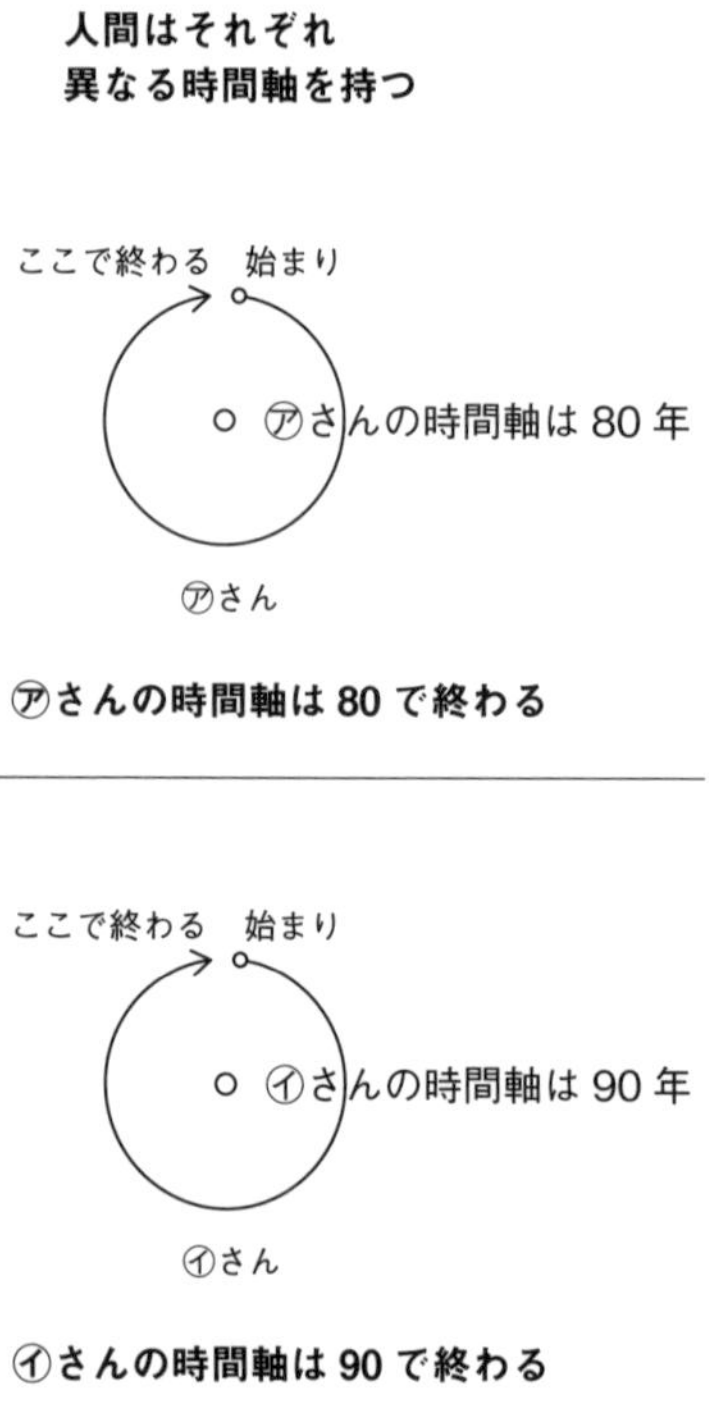

（図4）

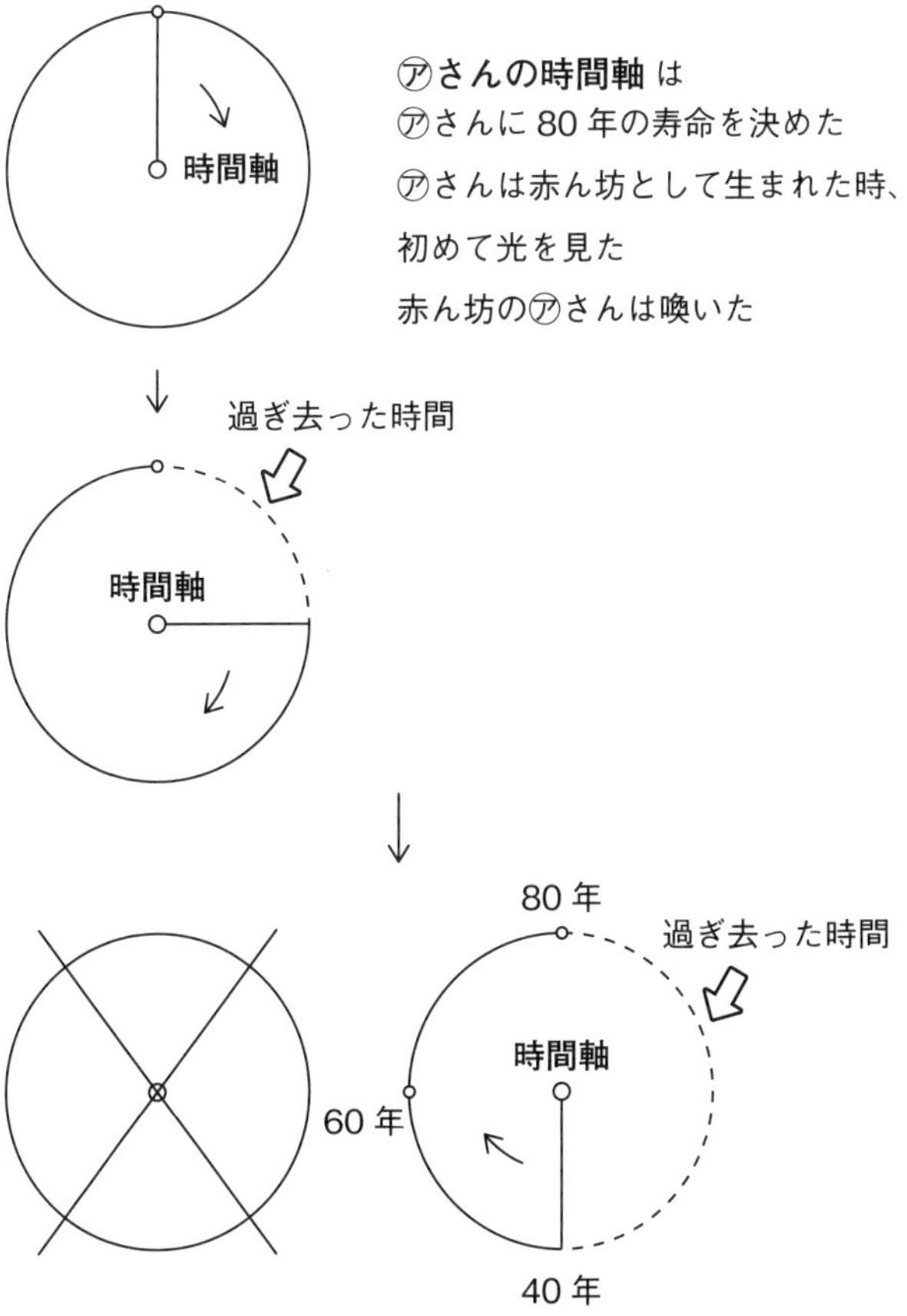
㋐さんの時間軸は
㋐さんに 80 年の寿命を決めた
㋐さんは赤ん坊として生まれた時、
初めて光を見た
赤ん坊の㋐さんは喚いた
時間軸
過ぎ去った時間
時間軸
80 年
過ぎ去った時間
時間軸
60 年
40 年

（図５）㋐さんの時間軸

では、誰が寿命を決め、監理しているのか。

Ｇｏｄ《ゴット》（神）かnature《ネイチャ》（自然）かのどちらかが決めて、監理している。

Ｇｏｄ（神）なのか、the forces of nature（自然の力）、the laws of nature（自然の法則）なのか、それはわからないのです。

▼「余剰次元」と「無時空間」▲

人間は死んだら、「時間のない空間」（『余剰次元』と『無時空間』と命名）に落ちる。

しかし、「時間のない空間」（余剰次元）を我々人間は見ることができない。

一〇〇万分の一秒でも顔を出せば見えるのですが、その時間が空間にはない。

一〇〇万分の一秒でもそこにいたら邪魔になる。でもその時間もない。

我々人間の目には空気としか感じることはできないのです。

　目に見えない所

〇時間のない空間（余剰次元＝止まる）

　魂は何も感じない
　安らかな状態

← 目に見える所

◎時間のある空間（時空＝動き始める）

魂はあなたを意識する

← 目に見えない所

○時間のない空間（余剰次元＝止まる）

魂は何も感じない

これはなんらかの原因によって起こったと言えるのです。

そのことによって時間のない空間ができた。それは我々人間が、人類が魂を持つことを可能にしたのです。魂は文明を築くことを覚えたのです。

この「時間のない空間」という次元を発見したのが、世界において、私しかいないとしたら。私はこの次元を命名することができる。いや、私しかいないということは、今後の科学の発展のためにも、命名すべきものと考える。

私は、この「時間のない空間」を「余剰《よじょう》次元」と命名する。今後の物理学者や数学者にとって、この「時間のない空間」という次元が「余剰次元」と呼ばれることを、私は重く受け止める。

なぜならば、アインシュタインの言うところの、「時間のある空間」という次元が、「時空」と呼ばれている。

「時空」という次元とは、まったく別の余剰次元があることを発見したのだから。わかりやすく理解するということから命名する必要がある。

このような理由によって私は、「時間のない空間」を「余剰次元」と命名する。

そして、「時間と空間」の次元（世界）を、『時空』と呼んでいるのに対して、この「時間のない空間」を「無時空間」と命名する。

「時間のない空間」とは、余剰次元である。しかし、私たちが生活をして社会を営むという次元は、「時空」という次元でしかない。

つまり、「時空」と私たちが言っている次元があり、「時空」という次元は魂と肉体からできている人間というヒト科の生物が生活をしている次元だ、ということである。

アインシュタインが、空間と時間は密接不可分に結びついている、と言っているように、私たちの目に見える「時空」とは、時間でもあり、空間でもある。このことは疑う余地がない。

私の言うところの「時間のない空間」とは、彼の言うところの「時空」とは、次元が違うということなのです。

私の言っている「時間のない空間」とは、タテ、ヨコ、高さ、時空という、4次元とは異なる次元であるということです。

つまり、こうなのです。

人類は今まで、「タテ」「ヨコ」「高さ」、そして「時空」という4次元に生きている。

私の発見した「時間のない空間」という次元は、アインシュタインの言うところの「時空」とは次元が異なり、新しい次元である、ということです。

人類は、今までは4次元に生きていた。でも、もう一つの新しい次元を発見した。そのことによって、人類は5次元に生きることになる、ということなのです。

「タテ（1次元）」「ヨコ（2次元）」「高さ（3次元）」「時空（4次元）」「時間のない空間（5次元）」。この5次元です。

タテ　①次元
ヨコ　②次元
高さ　③次元
時空　④次元
時間のない空間　⑤次元（余剰次元）

「時間と空間」、つまり「時空」という次元において、時間と空間を分けて考えるのではなくて、どのように作用し合っているかを考える。

「動く」という時、「動く」という時間が必要になる。

空間とは「動く物体の入れ物」である、というようになる。空間とは、タテ、ヨコ、高さの入れ物である、と言える。

つまり、人間が生きる時間と、人間が存在する空間ということになる。

「生きる」と「存在する」は同じことなのだ、ということになる。

時間と空間

空間が広がる、ということは、広がる時間が要る。

この点においては時間は空間であり、空間は時間なのです。

時間と空間が同じ世界、つまり、次元に私たちは生きている。

時間と空間がもし違っていたら、空間にいる私は、空間にいるあなたを見ることができない。なぜなら、同じ時間が流れている、という条件が要る。

その時間が均一に満たした空間があるとしても、その時間にいる私は、その時間にいるあなたを見ることはできない。なぜなら、その空間が、同じ空間でなければならない、という条件が要る。


では時間の性質と空間の性質というものはどうなのだろうか。

まったく同じ性質を持っているものとは言えない。空間は空間であり、時間は時間でしかない。

「時間のない空間」とは、時間と空間がズレた所ができているということになる。

では、どちらがズレたのか。時間がズレたということになる。

仮に、時間が百三十八億年過ぎるとズレを生じる、という性質があるとすれば、充分に説明ができることになる。

私たち人間が生活する時間が変わるものではない。

ただこの地球という惑星において、時間というものは百三十八億年するとズレルという性質を持っていることになるのです。

私たちの世界とは、五％が原素（原子）であり、二六・五％がダークマターであり、六八・五％がダークエネルギーというもので宇宙ができている。とするならば、時間というものにそのような性質がある、ということは科学的にも正しいことなのだとも言えるのです。

三万年前、時間と空間がその性質の違いによって、○・○○○○一秒なのか○・○○○○一秒なのか○・○○○○○一秒なのか、わからないけれどもズレた。百三十八億年という時間が過ぎたことによってズレを起こした。

そして、そのことによって「時間のない空間」ができた。

この「時間のない空間」を私は「余剰次元」と命名した。また「無時空間」とも命名した。

私は理論物理学者ではないので、そのことを説明はできないのですが、そういうことも考えることができる、という一つの可能性なのです。

その時、ヒト科の現生人類の祖であるホモ・サピエンスに異変が起きた。突然、「心」を持った。

この時の人類は寿命が短かった。生まれてすぐに死んだ。幼児期を生き延びても十歳まで生きる子供は少なかった。それでもたくさんの子供が生まれたことによって、なんとか三十歳まで生き延びる人間もいた。でもそれ以上生きる人間は皆無に等しかった。

そこで、人類は生き方を変えた、というよりも進化した、といった方が適当なのかもしれない。

人類は魂を持つことを決めた。人間は魂によって生まれ変わる、という生き方が可能になっていた。人間は、私という魂で私をつくる、という生き物に変化した。魂を持って生きる人間が誕生した。

魂が絶対的なものであり、悟りに到達するまでは、サン・サーラ（輪廻《りんね》）を繰り返す。

肉体は相対的なものでしかない。人間という肉体は、初めから、いつかは動かなくなり、

“膠着《こうちゃく》して”腐り始めるという品物なのです。

私たちは、私としての魂は生きている。また赤ん坊に宿り、私としての人間をつくる、という生き物なのです。

手塚治というマンガ家がいました。彼は大阪大学医学部を卒業していました。彼のマンガ『ブッダ』には、この世に未練《みれん》が残った人間は生まれ変わってくる、というのです。魂を持った生き物は、五十年や百年では、魂そのものがなくならない。肉体は消耗するのに対して、魂は収穫するものなのです。

あなたの魂が満腹になった時、あなたは、アダムとイブになるのです。

人間とは、魂というものを持って、私としての魂を持って、魂が私なのだ、ということなのです。人間とは、魂であり、その魂は何度か人間の肉体に宿り、私としての人間をつくる、ということなのです。

私としての魂は、数百年は生きる。私が魂であるのです。

人間とは、魂というものを使って数百年は生きるという動物なのだ、ということです。

そして、私はその魂のいる場所を見つけた、ということなのです。

死後の世界に地獄と天国がある、ということもできるのです。

あなたは、死後の世界など絶対にない、一〇〇％ない、ということはできない。死後の世界とは、あるかもしれないし、ないかもしれない。

それを確かめた人間がいない、ということなのです。

つまり、私の言っているのは、百三十八億年前の時間の長さと三万年前の時間の長さを、記録した人間は一人もいない、ということなのです。

そして、この世界を占《し》めるものが、九五％も暗黒エネルギーと暗黒物質である、ということを考えれば、百三十八億年が過ぎたことによって、どちらかに影響しているかもしれない、と言えるのです。

つまり、「時間のない空間」（余剰次元）というものがない、と言える科学者は、一人もいない、ということなのです。

▼魂の行く所▲

あなたをつくっている、あなたは肉体を離れても存在し続ける、という生き物が誕生した。

肉体は老いてなくなるが、肉体に宿った魂の行く所ができた。

では、人間に魂ができたのは、いつなのか。

たぶん数万年前、人間が文明を築き始めた時なのです。そう遠い昔ではないのです。二億年前、人間がプルガトリウスという夜行性のネズミだった時には必要がないからなのです。

人間という生き物が自分の魂を持って自分というものをつくっている、ということなのです。

霊魂が強ければ赤ん坊の時の記憶がある、という特殊なケースも生まれた。たとえば、三島由紀夫です。彼は赤ん坊の時の記憶がある、と書いているのです。

現世の行いで、善をどれだけ多く行い、悪をどれだけ少ないかが、来世のあなたをつくる上で大切になるのです。

あなたの神は見ています。

来世がいつ始まり、どの家庭にいつ赤ん坊として生まれるかは、Ｇｏｄかnatureが決める。人間の行いは、死後ではなくて来世に影響する。

現世において仏を信じる人は、その魂は仏の色をしている。仏という神は縁を重《おも》んじる。人間の結びつきを大切にする。ご縁の繋《つな》がりによって、あなたは生まれる。

キリストを信じる人は、その魂はキリストの色をしている。あなたはキリストの判断によって生まれる。


死後の世界はない。

あなたの肉体は腐《くさ》る。そして、ゴミになる。でもあなたは、別の次元へ落ちる。

この地球という惑星は、量子物理学では9次元あるとする。

我々人類は新しい次元を発見したことになる。

それも、人間という生き物が魂を持つということを可能にする次元であるのです。

神を信じないサルトル。そのサルトルでさえ、晩年は神を信じた。神を信じることをせず、自然にまかす、という人ですら、自然という神を信じていることになるのです。

命を失った魂《たましい》が、時間のない空間に「落ちる」のでもなく、「入る」のでもないのです。落ちる時間もないし、入る時間もないのです。

私は幽体離脱《ゆうたいりだつ》を経験した、という神経内科のU医師にお話を伺《うかが》うことができました。彼は名古屋大学医学部を卒業しており、優秀な神経内科医です。彼はその時の様子をこう語るのです。

そこは魂が至福《しふく》の領域にあり、時間もなく、天もなく、地球もなく、真っ暗で、ただ小宇宙と言えるところで、私の魂はそこに浮んでいたのを覚えている。

つまり、私の言うところの「時間のない空間」を経験したということになるのです。そこは「小宇宙」というものであった。

彼は若い時に友人とダイビングしていたところ、酸素ボンベの中が空になっていることに気付かなかった、と言うのです。自分は死んでゆく、そして意識がなくなった。

でも先生は、魂があるということは、あるかもしれないが、科学で医療している限り科学の立場からしか話すことはできない、と言われました。

つまり、こうなのです。

「時間のある空間」（時空）と「時間のない空間」（余剰次元）は、私たちの日常においては、重なり合っている、ということなのです。

人が死ぬ、ということによって、「時間のない空間」（余剰次元）は「時間のある空間」（時空）にとりのこされる、ということなのです。そのとりのこされた「時間のない空間」に魂がいる、ということです。もちろん肉体は「時間のある空間」にいるのですから腐り始める、ということです。

人間が死ぬことによって、「時間のない空間」（余剰次元）と「時間のある空間」（時空）は、それまでは重なり合っていたのですが、人間が死ぬことによって「時間のない空間」（余剰次元）と「時間のある空間」（時空）は切り離される、ということです。

また魂は、死んだ肉体から離れてすぐに肉体を得るものもあれば、我々の目から見れば、つまり「時間のある空間」（時空）から見れば、千年間も肉体を得ることのできない魂もある、ということです。

でも「時間のない空間」（余剰次元）にいる魂は、千年という時間がないのですから退屈することもないと言えるのです。

「時間のない空間」（余剰次元）と「時間のある空間」（時空）が、ズレルことになるのですが、「時間のない空間」（余剰次元）は目には見えません。ズレルということは目で見ることはできません。

※あなたが活躍できる場

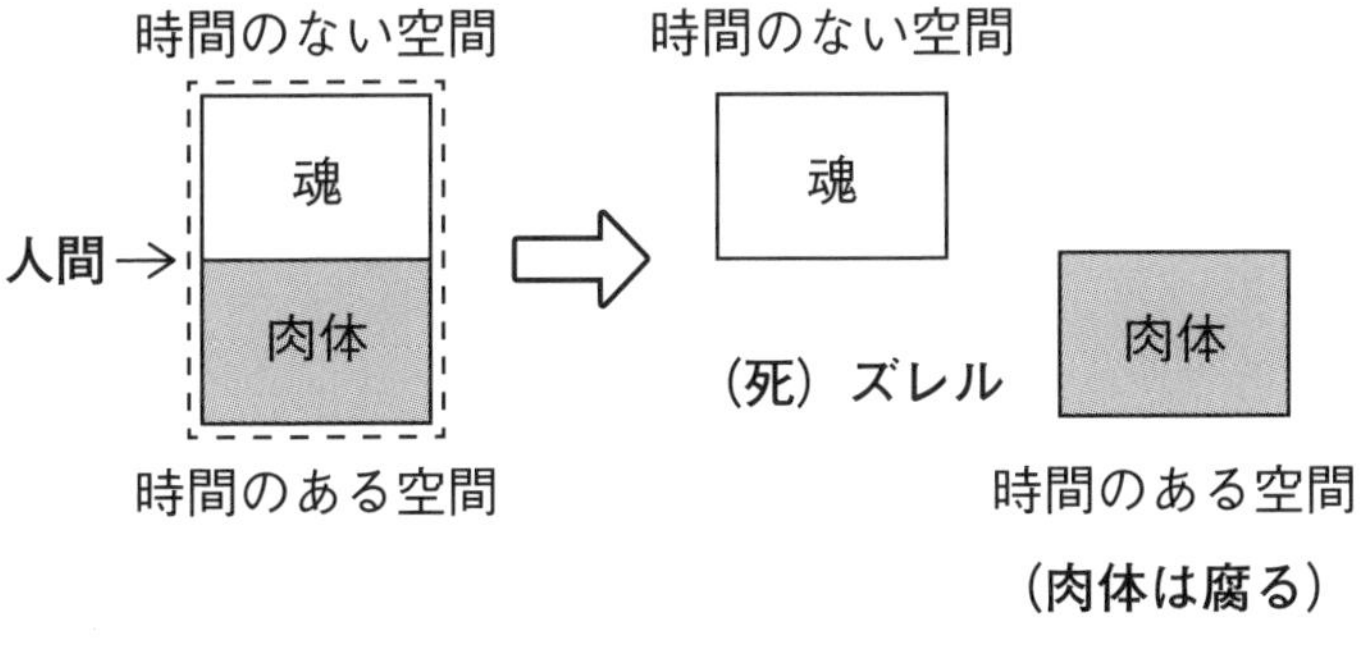

※あなたの魂は時間のない空間にいることになる

（図６）

肉体と脳と魂

肉体を手に入れるということは、「あなたが望む」からです。

あなたは「苦」よりも、「地上の楽園」をたのしむために現れたのです。あなたは、もう数十回と「生」と「死」を繰り返しているのかもしれないと言えるのです。

T大学の教授は、脳が心をつくり、魂をつくり、精神をつくっていると書いていますが、私の発見した次元には魂がいた、ということです。

人間の脳とは何か、脳とは「考え

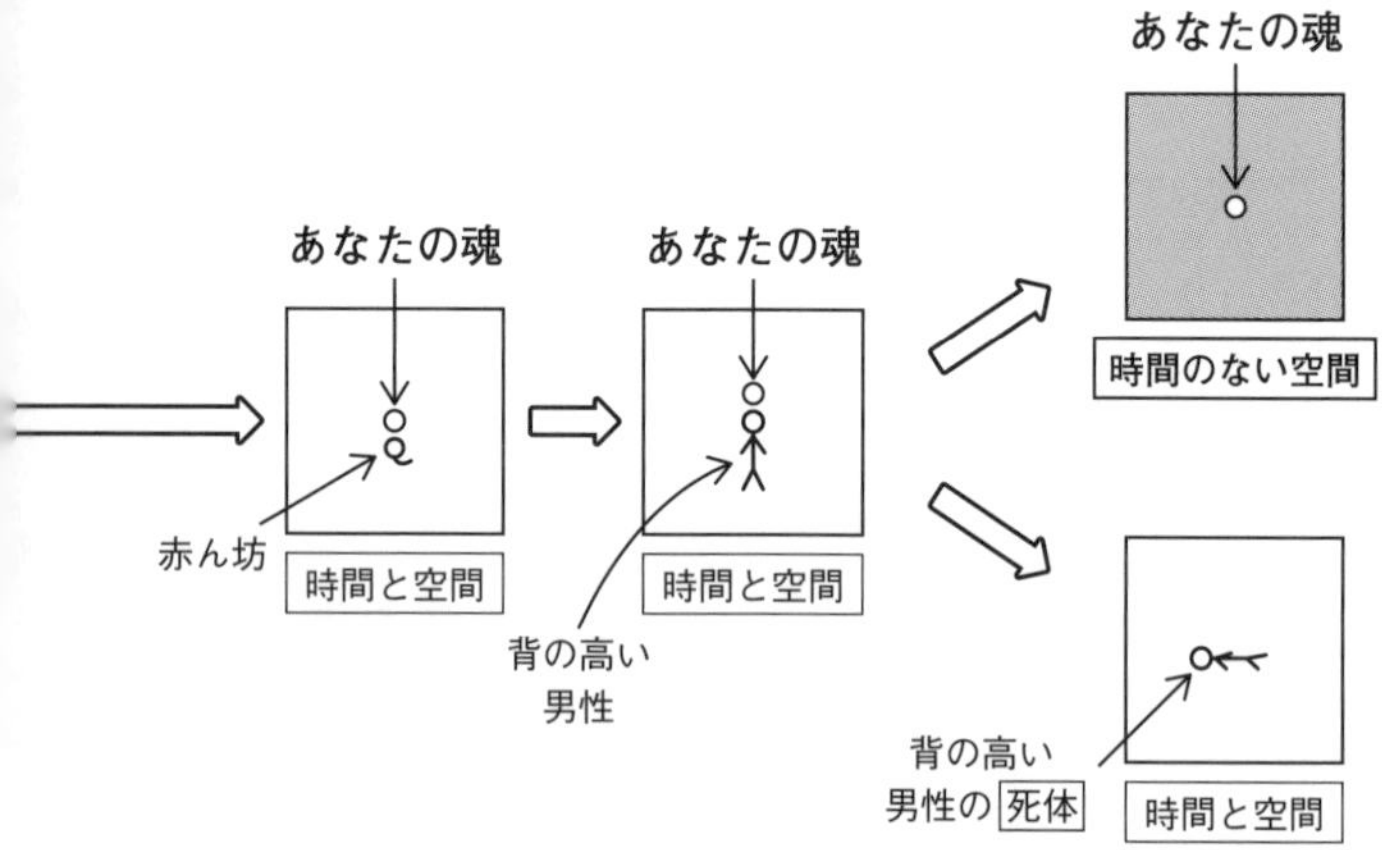

※あなたの魂は時間と空間の世界から時間のない空間へ行って、また時間と空間の世界に、そしてまた時間のない空間の世界へ繰り返している。

る」ものであり「学習する」ものである、ということです。

脳には魂をつくる能力などはないのです。

感情とかは、人間の気持ちであり、脳が外界の刺激によって応じている変化にすぎないのです。

つまり、自脳とは外界の喜びや、悲しみや怒りに反応しているにすぎないものであり、相対的《そうたいてき》なものである、と言えるのです。外界との関連によって初めて、そのものの存在を意識するものである、と言えるのです。

般若心経《はんにゃしんぎょう》でいうところの「生」と

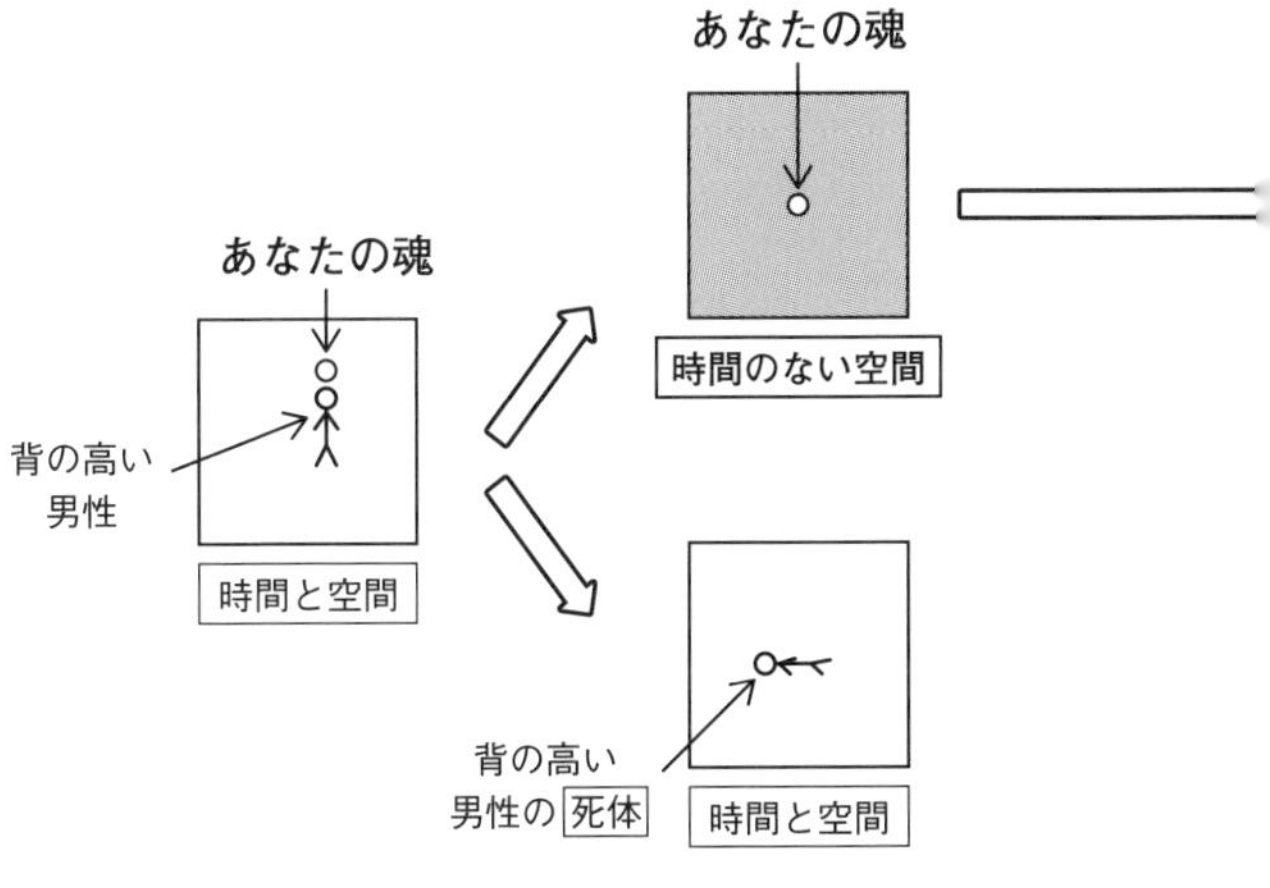

（図７）

「死」を超えた次元が私の発見した次元なのです。

そして仏教は輪廻《りんね》を説く。それは、「生」と「死」の次元を超えた生命現象なのだと説くのです。人間は死んですべてが終わると、いうものではない。来世がある、と説いているのです。そして霊魂とは、ある次元にいて、「不生不滅《ふしょうふめつ》」なものと説くのです。

「時間のない空間」という次元がある。そこは目には見えない世界なのだ、ということです。この「時間のない空間」を私は「余剰次元」と命名した。また「無時空間」とも命名した。

あなたという姿は、本当の在り方（様子）は目に見えないのです。

でも、私という魂は、そのことを知っている、ということになるのです。

では、どうして魂をつくる必要があったのか。

生まれ変わる必要があった、ということです。

現世にしたことが来世に影響するという生命現象をＧｏｄとnatureがつくりあげた、ということになるのです。

人間というヒト科の動物が、種《しゅ》を絶滅させないために、交尾するだけの生き物だとしたら、あなたの脳は必要がない。そして、なぜ魂を持ったかが説明できないのです。つまり、霊魂が脳という生命の働きを成り立たせている。

般若心経の説く「諸法空想《しょほうくうそう》」なのです。

つまり、こうなのです。

あなたの魂があなたの脳をつくる。目に見えない心とか精神は魂があって初めて成り立つ世界なのです。

「目には見えない世界」とは、魂がいる次元（世界）でもあるということです。

人間は人間にしか、生まれ変わることはできない。

なぜなら、人間しか、神を信んじることができないということなのです。

他の動物には「信じる」ということができないのです。

人間の脳が進化して、ある程度の基準を満《み》たした。

そのことによって、人間の脳が、人間の脳とは違う、息のような、幻《まぼろし》のような、水蒸気のようなものが進化してできた。

それは個性とも呼べるものであり、癖《くせ》とも言えるものでもあった。

つまり、霊魂のようなものをつくった。


そして、その霊魂は肉体の一部である脳とは性質が違っていた。

脳は肉体の死と共に死んだ。でも形を持たない霊魂は次元の違う空間へと至福の領域に入り、やがて、幸福な状態で一旦停止する。


数万年前の人類は、自分より弱い者を殺して食べていた。また、自分より強い者に食べられていた。ただの生き物であった。

人類は肉体だけのものでしかなかった。

雄《オス》の動物が雌《メス》の動物と交尾して、赤ん坊が生まれた。幼児は、時にはキツネに取られて食べられた。

それから数万年後に、人間の脳は遥かに進化した。

つまり、脳は枝分かれした。考える脳と魂に進化した。

考える脳は進化して、やがて文明と言えるものをつくった。魂は私という主体へと進化した。
肉体とは両親が、愛し合って、できる代物《しろもの》。その赤ん坊に魂が宿って、初めて人間となる。

ここまでは理解できるのですが、どのようにして宿るのかは、私にはわからないのです。

進化の過程において、脳が進化して、私としての特長や癖のような、性格というものを意識して、私としての魂と言えるものをつくった。

しかし、脳がそれ以上進化して、「考える」という能力を高めるためには、自分という意識できる部分を切り離す必要があった。

つまり、脳が進化していくということに専念するためには、その部分が邪魔になった。

脳が「考える」という能力を高めるには関係のないものがそこに存在するということが、脳にとっては妨げられた状態になる、という現象を招いた。

そこで脳はその部分を切り離すことを試《こころ》みた。

そして魂という、私としての主体を持つ、というものが誕生した。

それ以降の数万年から今日まで、人間は肉体と魂でつくられた。

魂の性質とは、赤ん坊という肉体に宿るという性質をもち、また、肉体の死後は「時間のない空間」（小宇宙または宇宙の一瞬の切り取り）と言える次元に入る。

魂とはあなたをつくる主体であり、肉体の死後もなくならない。

魂はサンサーラするという性質をもつものである。

おわりに

あなたの魂が「時間のない空間」（余剰次元）にいて、魂とＧｏｄとnatureによって、「時間のある空間」（時空）に誕生するということは、あなたの魂がいる「時間のない空間」（余剰次元）に「時間のある空間」（時空）が再び重なる、ということです。

人間は、そのことを「生まれる」というのです。

私の見つけた次元とは、死んだ人の魂が行く所であり、その場所は魂がいるという次元なのです。

私たちの魂は「時間のない空間」（余剰次元）＝「目には見えない次元」にいる、ということなのです。

魂の性質とは、本来は「時間のない空間」（余剰次元）にいて、何も感じない状態にある、と言えるのです。

あなたの魂は、どこまで行ってもあなたなのです。三百年後も、あなたの魂はあなたなのです。

著者プロフィール

阿部 逸男（あべ いつお）

1950年、三重県に生まれる
名城大学卒業

無時空間の発見 人類は5次元に生きている

2024年6月15日　初版第1刷発行

著　者　阿部 逸男
発行者　瓜谷 綱延
発行所　株式会社文芸社
〒160-0022　東京都新宿区新宿1－10－1
電話　03-5369-3060（代表）
03-5369-2299（販売）

印刷所　株式会社エーヴィスシステムズ

ISBN978-4-286-25454-8